L'ÉLAN DÉCISIF

CARLO PURASSANTA

L'ÉLAN DÉCISIF

le cherche midi

Vous pouvez consulter notre catalogue général
et l'annonce de nos prochaines parutions sur notre site :
www.cherche-midi.com

92, avenue de France
75013 Paris

Conception graphique : Justine Dupré
Mis en pages par Soft Office
Dépôt légal : septembre 2022
ISBN : 978-2-7491-7283-5

« Il est vrai que le logiciel (software) ne pourrait pas exercer les pouvoirs de sa légèreté sans la pesanteur du matériel informatique (hardware) ; mais c'est le logiciel qui commande, qui agit sur le monde extérieur et sur les machines, lesquelles n'existent qu'en fonction du logiciel, évoluent afin d'élaborer des programmes de plus en plus complexes. La deuxième révolution industrielle, contrairement à la première, ne s'accompagne pas d'images écrasantes, telles les presses des laminoirs ou les coulées d'acier, mais se présente comme un flux d'information voyageant le long des circuits sous forme d'impulsions électroniques. Les machines de fer existent toujours, mais elles obéissent aux bits dénués de poids. »

Italo Calvino, *Leçons Américaines, Six propositions pour le prochain millénaire/Légèreté – Gallimard, 1988*

« Choisir la vie, c'est toujours choisir l'avenir. Sans cet élan qui nous porte en avant nous ne serions rien de plus qu'une moisissure à la surface de la terre. »

Simone de Beauvoir,
Les Bouches inutiles – Gallimard, 1945

Préface

Depuis plus de dix ans, nous vivons une révolution algorithmique qui agit transversalement dans de nombreux domaines dans le but de résoudre des problèmes, de comprendre des phénomènes, d'anticiper des réponses ou encore d'automatiser des tâches. On parle aussi d'« intelligence artificielle ». Cette révolution a été rendue possible grâce aux travaux sur les algorithmes d'apprentissage machine, à l'amélioration des capacités de collecte et de stockage des données, ainsi qu'à l'augmentation significative des puissances de calcul. Ce bouleversement scientifique se traduit entre autres par une accélération des développements en recherche publique et privée, qui a une double conséquence : une translation plus rapide des résultats de recherche vers l'industrie, et une augmentation significative du nombre de start-up en « deep tech » (une start-up qui naît d'un résultat de recherche publique ou privée). Ce qui permet à de nombreuses technologies embarquant des algorithmes de voir le jour pour nous aider à communiquer, travailler, produire, cultiver, se déplacer ou encore se soigner.

Synonyme d'innovation et de progrès pour l'humanité, cette révolution présente aussi des menaces par un développement algorithmique erroné – comme par la présence de biais et de discrimination technologique –, par un usage controversé telle que la manipulation d'opinion sur les réseaux sociaux, ou encore par une violation de la vie privée à travers un mauvais usage des données à caractère personnel. Plus largement, ces évolutions technologiques doivent être accompagnées d'évolutions sociales qui englobent tout le monde afin de permettre à chacun de profiter pleinement des bénéfices. L'éducation, la réglementation et la gouvernance algorithmique doivent soutenir un tel projet civilisationnel où la science et la technologie en sont le moteur et le facilitateur. Les acteurs technologiques, et les chefs d'États ont en cela une responsabilité forte vis-à-vis des citoyens qui ont également le devoir de comprendre pour pouvoir (se) poser les bonnes questions. La cohésion sociale se trouvera alors renforcée.

Dans cet ouvrage, Carlo Purassanta dessine sa vision sur les voies à explorer et les décisions à prendre pour construire un monde où la technologie sert notre civilisation et notre planète, tout en écartant les risques et les menaces. Parce qu'aujourd'hui nous vivons plus que jamais dans une instantanéité constamment recherchée, il est important d'inscrire sa réflexion dans les temps longs. C'est ce que propose l'auteur en nous faisant voyager dans le passé, dès l'invention des premiers ordinateurs. Mais ce détour est aussi très personnel puisqu'il raconte sa propre histoire, ce qui l'a amené à faire des études d'ingénieur, à venir en France, à travailler pour des entreprises « leaders » technologiques ou encore à écrire ce livre. C'est par une meilleure connaissance de l'ancien dirigeant de Microsoft France, qu'on comprend ses convictions, ses choix et ses ambitions pour le monde technologique qui grandit chaque jour un peu plus. Par un état des lieux, et une analyse, avec les yeux d'un dirigeant technique mais aussi d'un citoyen, Carlo Purrassanta nous amène avec pédagogie vers des propositions concrètes pour que, comme il l'écrit, « l'innovation numérique puisse contribuer à plus d'inclusion ». Mais aussi pour permettre le développement de prochains acteurs, peut-être différents de ceux d'aujourd'hui. Il parle de régulation, d'éducation, de formation continue, du rôle fondamental de nos dirigeants politiques et économiques, mais aussi de celui des acteurs techniques et scientifiques, à commencer par les géants de notre époque. Carlo révèle aussi les questions auxquelles il n'a pas encore entièrement répondu, comme pour nous inviter à réfléchir à ses côtés.

À travers cet ouvrage, Carlo Purassanta invite chacun d'entre nous à penser notre rôle dans cette révolution algorithmique. Quelle que soit notre position sur l'échiquier, nous avons des droits, des devoirs et des obligations. Ces pages constituent aussi le recul nécessaire à ce pas en arrière, que nous devons faire pour prendre l'élan décisif qui nous permettra de saisir le futur et en être un acteur. C'est ainsi que nous pourrons construire les prochaines innovations pour tous et par tous, dans le respect de notre planète et de notre civilisation.

Aurélie Jean
Docteure en sciences et entrepreneure.

PROLOGUE

Touver la force et l'humilité pour se relancer de nouveaux défis

L'Europe, comme chacun des pays de l'Union européenne, se trouve face à un moment clé de son histoire. Une révolution industrielle est en train de transformer le monde de façon radicale. Certains pays l'ont compris et se sont déjà mis à développer des avantages compétitifs majeurs, potentiellement irrattrapables par ceux qui ne font pas preuve de la même dynamique. Nous sommes encore à la traîne, sceptiques, certainement trop analytiques et pas suffisamment portés sur l'action. Ce retard risque de nous être fatal. La croissance et le bien-être de 450 millions de citoyens de l'Union Européenne sont liés à une transformation profonde et nécessaire de notre modèle économique et sociétale. La crise que nous venons de vivre était peut-être le choc nécessaire pour nous faire bouger. Allons-nous résoudre nos problèmes en « zona Cesarini », comme disent les Italiens en utilisant cette expression empruntée au monde du football ? À savoir marquer le but de la victoire à la dernière minute. Mieux vaut tard que jamais.

Les dix prochaines années vont être fondamentales pour notre continent. Si nous faisons, avec lucidité et ambition, les investissements utiles, nous pouvons non seulement combler le retard mais construire une valeur économique pour nous, européens, et pour le monde. Si nous ratons ce moment, nous aurons devant nous des décennies d'involution économique lente. Une crise, peut-être peu apparente mais certaine, qui va affaiblir notre croissance et nous rendre de moins en moins pertinents et compétitifs, pris en sandwich par les États-Unis et la Chine qui innovent sans cesse. Et même potentiellement à la traîne par rapport à d'autres pays émergents qui, aujourd'hui, avancent avec plus d'humilité et plus de conviction.

Une relance est nécessaire. Elle doit commencer par un questionnement fondamental sur notre mentalité et notre culture. Nous devons faire la paix avec la technologie. Nous devons mieux comprendre et apprendre les nouveaux paradigmes. Nous devons retrouver l'enthousiasme pour la création de produits et de services compétitifs au niveau global. Nous devons naviguer dans un monde d'intensité technologique avec une pleine maîtrise, faite de maturité, de rapidité, et d'actions concrètes. Ce livre a pour ambition d'expliquer les enjeux de la transformation digitale, de proposer des réflexions et surtout des actions pour nous permettre d'accélérer la transition numérique de l'Europe. D'apporter du concret à un projet de société que nous construisons depuis des décennies et qui nécessite une vigoureuse reprise en main. Oui, *le moment est venu pour l'Europe de redémarrer.*

J'ai eu la chance de travailler pour deux grandes multinationales, IBM et Microsoft, de voyager dans tous les continents et d'observer de près les communautés concentrées sur l'innovation technologique. Ce petit monde de la « tech » est relativement récent si l'on y pense, il date de quelques dizaines d'années tout au plus. On y trouve un facteur commun très important qui, à mon avis mériterait de devenir une valeur plus universelle, pour ainsi se transmettre au sein de la société civile, en partant de l'éducation pour arriver à la sphère professionnelle : l'art de savoir redémarrer. En effet, nous sous-évaluons constamment l'importance pédagogique et vitale de se relever des moments de difficulté pour se relancer avec enthousiasme et énergie dans de nouvelles aventures qui mèneront encore et toujours plus loin. Pourtant nous apprenons et nous mûrissons dans notre existence largement grâce à ces moments et aux mécanismes psychologiques qui y sont associés. C'est fondamental, tant dans notre vie privée que dans notre vie professionnelle.

Redémarrer, c'est ce qui, enfants, nous faisait souffrir au moment de rentrer à l'école après de longues et agréables vacances. On pouvait se sentir accablés, mal à l'aise en sortant d'une zone de multiples conforts pour retrouver l'arène de la vie productive. Plus de vingt ans après, nous découvrons que se lancer dans une nouvelle aventure, qui nous impose un peu d'anxiété sociale et professionnelle, est aussi un moment privilégié pour apprendre et se dépasser.

Redémarrer, c'est ce que l'on fait une ou plusieurs fois dans nos vies au moment de se relever d'une déception amoureuse. Le monde s'est écroulé pendant une longue et intolérable période. Puis une phase de normalisation vient redonner goût à la vie telle qu'elle était « avant ». Enfin, revient l'enthousiasme de se relancer dans une vie sociale, de fréquenter de nouvelles personnes. Peut-être même est-ce la chance de croiser la route de celle ou de celui qui nous rendra à nouveau heureux.

Redémarrer, c'est aussi reprendre des études pour réinventer ou élever sa carrière professionnelle. Cela va de « l'école de la deuxième chance » jusqu'aux MBA et aux PhD. Il n'y a pas vraiment de différence du point de vue du courage nécessaire, de l'investissement personnel et familial, avec l'espoir d'une vie meilleure à l'autre bout du tunnel. Et quelle force intérieure que de se retrouver à investir sur soi-même !

Redémarrer professionnellement, c'est savoir fermer un chapitre et en ouvrir un autre. Cela demande un deuil initial du parcours que l'on clôt, d'en faire le bilan et d'en tirer des leçons. Dans tous les cas, cela appelle un plongeon dans l'inconnu. Un plongeon dans une eau froide qui réveille les sens, stimule l'intellect, réénergise les neurones et permet de développer d'autres compétences. Une fois sauté le pas, on se redécouvre passionné, passionnant, aimé et aimant dans nos nouvelles fonctions. On comprend que la beauté du parcours, c'est justement la découverte de nouvelles étapes, non pas de ressasser celles déjà parcourues.

Redémarrer, pour les sportifs, c'est ne pas se laisser démoraliser par une défaite ou par une situation périlleuse face à l'adversaire. C'est savoir retrouver la motivation et l'envie de gagner en surprenant tout le monde, en recollant au score et, enfin, remporter la victoire. Rappelons-nous de la finale entre Ivan Lendl et John McEnroe à Roland-Garros, lorsque McEnroe mène par deux sets à zéro et toise avec insolence un Lendl qui regagne le fond du terrain, se bat, revient à deux sets partout et remporte le cinquième pour gagner la coupe. Sans parler de nombreux matchs de football épiques, et d'autres étonnantes performances où des sportifs hyper-aguerris, en mauvaise passe, sont restés hautement compétitifs, n'ont pas lâché l'affaire et ont fini par l'emporter.

Redémarrer c'est aussi, si je puis me permettre une anecdote plus légère et liée à mon parcours professionnel, ce que nous faisons avec notre ordinateur quand il donne des signes de faiblesse, souffre d'un ralentissement improbable et suspicieux, ou d'un blocage total. Dans une grande majorité des cas cette opération, ô combien commune, permet au dispositif de retrouver son efficacité. La machine en a profité pour régler quelques problèmes : une boucle entre les applications, des mises à jour de logiciels en attente. Il redémarre, comme neuf, et nous en tirons une grande satisfaction.

Redémarrer, c'est ce que font les startupeurs américains en tirant un trait sur leur aventure précédente – qu'elle ait eu un succès commercial ou qu'elle se soit terminée par une faillite catastrophique – pour se lancer dans une deuxième, troisième, quatrième nouvelle entreprise. Cette résilience entrepreneuriale est très représentative de toute une culture anglo-saxonne du succès, celle qui permet de se remettre d'un échec. Culture qui, malheureusement, n'a pas encore d'équivalent dans l'imaginaire européen.

Redémarrer d'un point de vue économique pour une entreprise implique d'abord de comprendre la fin d'un cycle. De constater la défaillance dans la performance, d'admettre que celle-ci est assujettie à un manque de vision et, fort probablement, à l'absence de réinvention du business model lui-même. Le réaliser est très difficile, c'est probablement la chose la plus compliquée pour des dirigeants déjà en place. Or, une fois le constat d'échec dépassé, le fait de travailler sur un nouveau projet fondateur insuffle de l'enthousiasme. Réaliser la transformation dégage une forte dose d'énergie au sein des équipes. Chaque organisation peut alors renaître de ses cendres, tel un phénix.

Redémarrer d'un point de vue géopolitique, un peu comme pour une organisation commerciale, c'est se rendre compte qu'une nation n'est plus synchrone avec les temps modernes.

Elle souffre sur son identité, elle a du mal à s'exprimer de façon uniforme au niveau international, elle voit un déclin du bien-être collectif, elle manque de confiance en elle-même. On le sait, quand les citoyens commencent à douter, c'est la porte ouverte aux populismes de tous genres. Ceux qui dopent l'opinion publique avec des concepts simples pour pallier le manque de projets et de certitudes. C'est aussi, et, laissez-moi le dire, « surtout », le moment pour une nation d'engager un nouveau projet politique. Cela demande de travailler sur la culture, de redéfinir une ambition, de décliner le projet en un nombre restreint d'actions d'envergure qui puissent changer la donne de façon fondamentale, profonde et pérenne pendant au moins une génération.

Ce livre parle de la révolution industrielle en cours qui va profondément transformer notre société. Une révolution dont la grande majorité des nations du monde n'a encore compris ni l'ampleur ni l'impact sur notre quotidien. Nous verrons que les opportunités de réagir sont gigantesques. Mais qu'il y a aussi des menaces dans le ciel. La course est déjà bien lancée, avec un peloton de tête incluant encore trop peu de pays européens. Alors que tous les autres, pour l'instant, accumulent chaque jour du retard.

Nous verrons aussi que, pour rattraper ce fossé et s'élancer vers le futur, chaque personne, chaque organisation, chaque nation doit retrouver l'humilité et le courage de faire un bilan profond de la situation. Comprendre ce qu'il faut entamer de manière radicalement différente. Définir un plan d'action lucide et ambitieux sur les moyens pour redévelopper son projet, tant au niveau personnel qu'à celui d'un business ou d'un pays.

Nous allons nous pencher, tout au long des chapitres, sur l'art de faire éclore des nouvelles idées. Et, surtout, sur l'urgence pour nous, Européens, à le faire. Nous sommes, sans nous en rendre pleinement compte, pris en tenaille par les puissances américaine et chinoise dont la vitesse de croisière est tout autre. Peut-être pas d'un point de vue social ni sociétal, mais certainement ces deux dernières décennies d'un point de vue économique.

La maîtrise des nouvelles technologies et la maîtrise de certaines filières industrielles vont faire de chaque puissance économique un gagnant ou un perdant dans les luttes géopolitiques et économiques des prochaines décennies. Une tempête compétitive déjà bien entamée.

Nous sommes, pour l'instant, menés deux sets à zéro par les États-Unis et la Chine. À nous de décider si nous voulons comprendre nos erreurs, rester concentrés, changer de tactique, récupérer et gagner le match en cinq sets.

Tout est encore possible pour notre avenir. Il est urgent de le façonner avec lucidité, ambition, et un sens aigu des responsabilités.

PARTIE 1

Et si les innovations redonnaient du sens à notre futur ?

Inégalités sociétales et économiques, changement climatique, perte du lien social... Autant de questions profondes. Avec la crise de la Covid-19, les enjeux auxquels nous devons faire face se sont accélérés. Le temps n'est plus à la réflexion, le temps est à l'action. Une réelle prise de conscience s'est opérée ces derniers mois au sein des entreprises, mais pas seulement, aussi auprès de tous les gouvernements du monde. Garantes de la vitalité économique et sociale, toutes les organisations, qu'elles soient publiques ou privées, prennent leur part de responsabilité en agissant avec leurs écosystèmes pour générer un impact bénéfique à l'ensemble de la société.

En quelques mois, la pandémie nous a énormément appris. Sur nous-mêmes et notre équilibre mental. Sur notre capacité à garder un rythme et un équilibre entre vie professionnelle et vie personnelle. Mais aussi sur la solidité et la résilience de tout ce que nous avons construit. Chaque pays a été confronté à ses limites. Chaque organisation a vérifié sa capacité à fonctionner dans un contexte d'alerte mondiale. Nous avons découvert que les femmes et les hommes s'adaptent à une vitesse inespérée avec une assez grande agilité. Mais que les processus des organisations, quand ils n'ont pas été reconçus récemment avec des nouvelles technologies, montrent d'un coup toutes leurs limites et inefficacités.

Cette crise mondiale est sans égale dans l'histoire pour sa vitesse de propagation, ainsi que pour son impact et sa couverture géographique. Elle a été, très clairement, une démonstration à grande échelle de la puissance des nouvelles technologies. Là où l'innovation a été bien utilisée, les choses ont bien fonctionné. Des centaines de millions de personnes ont travaillé à distance en découvrant les bienfaits du télétravail. Beaucoup d'entreprises ont continué à fonctionner avec une capacité de gestion et de contrôle à distance. La recherche pharmaceutique a battu tous les records pour produire des vaccins. L'implication des États a aidé à comprendre et à gérer la propagation du virus. Là où le digital et les données n'étaient pas exploités correctement, l'écart a été frappant. Certains processus d'entreprise ont été interrompus. On se souvient des fonctionnaires des administrations publiques incapables de travailler en période de confinement. Nous avons observé les décisions lentes et inappropriées de certains

« leaders » mondiaux et de leurs gouvernements. Nous avons souvent eu devant les yeux des processus de décisions incongrus et inefficaces. Des processus plus basés sur l'émotion ou l'intuition (politique ou pas) que sur les faits scientifiques et la transparence, comme le mériterait une société moderne et bien informée.

Cette leçon sera certainement fondamentale pour beaucoup de décisions à venir, à la fois dans la sphère publique et privée. Nous avons déjà observé l'émergence de programmes destinés à soutenir la reprise, programmes impressionnants dans leur méthode de prise de décision et par l'envergure des moyens mis à leur disposition. Aux États-Unis, l'American Rescue Plan est doté de 1 900 milliards de dollars notamment pour financer les disparités sociales, financer les populations les plus démunies à l'aide d'un chèque permettant de payer leurs factures. Mais aussi pour renforcer les infrastructures de santé et d'équipement du pays, protéger les emplois, aider à la garde d'enfants dans les territoires, préserver les petites et moyennes entreprises. En Europe, le « NextGenerationEU », le plan de relance pour l'Europe, est quant à lui un programme ambitieux de 800 milliards d'euros. Pour reconstruire une Europe de l'après Covid-19, une Europe plus verte et plus résiliente, il impose aux pays de se concentrer sur les thématiques clés du futur. La digitalisation, la bataille contre le changement climatique, l'alphabétisation numérique, la diversité et l'inclusion dans le monde du travail et, bien sûr, le domaine de la santé.

De la même façon, nous avons observé dans le secteur privé une plus forte attention à la transformation des processus métier, une réécriture des contrats de travail afin d'y introduire plus de flexibilité et d'intelligence pour mieux appréhender le nouveau monde « hybride » dans lequel nous vivons. Et, enfin une prise de conscience solide et, je l'espère, déterminante sur la responsabilité sociale, sociétale et environnementale.

Avions-nous besoin d'une crise aussi majeure pour nous rendre compte que la technologie sert à améliorer notre vie au quotidien ? Aurions-nous pu anticiper les investissements pour construire un monde meilleur sans devoir subir les conséquences de la crise avec autant de souffrance économique et sociale ? Avions-nous à notre disposition les meilleurs modèles, références et pratiques afin de mettre en place un agenda des transformations nécessaires pour les organisations publiques et privés ? Voilà les questions, certes rhétoriques, mais hélas essentielles, que nous devrions nous poser.

Si la voie de la transformation digitale est évidente, force est de constater que l'application de cette opportunité est très inégale à plusieurs titres. Entre continents et pays, entre grandes et petites entreprises, entre secteur privé et public et, enfin, entre couches sociales au sein d'un même pays. Autant de questions clés que nous aborderons dans les chapitres de ce livre.

L'année 2020 a été pour moi aussi, comme pour tous, une année exceptionnelle. Elle a demandé une concentration et des efforts majeurs. Il s'agissait d'abord de comprendre comment protéger au mieux les collaborateurs de Microsoft. Notre métier étant de fournir ces outils digitaux essentiels à la poursuite des opérations de tous nos clients, nous nous sommes concentrés sur les actions permettant le déploiement et l'utilisation de ces solutions, avec des résultats absolument incroyables. Nous avons ensuite identifié des programmes spécifiques visant à venir en aide aux écoles et aux hôpitaux. Enfin, nous avons apporté notre support aux actions gouvernementales, en particulier avec les applications pour assurer la logistique des masques et des équipements nécessaires au fonctionnement du système de santé français. Cela a été une année d'une intensité inouïe, mais avec d'énormes satisfactions.

L'année 2021 s'est présentée comme une année de consolidation et de bilan. J'ai eu 50 ans le 5 juillet. Un joli week-end de fêtes. Microsoft me permettait de prendre un congé sabbatique, après onze ans de travail dans l'entreprise. L'occasion d'une réflexion plus profonde sur mes projets pour l'avenir. Comment contribuer aux transformations de ce monde qui pourrait faire tellement plus, tellement mieux, tellement plus vite ? Je pensais en particulier à cette Europe que j'aime et à ses pays chargés d'histoire et de culture. Des pays riches de valeurs auxquelles je suis profondément attaché et qui, pourtant, sont si lents et si peu préparés dans leur marche vers un futur meilleur. Est-ce que j'avais la possibilité de contribuer à inverser la donne ? Est-ce que je pourrais apporter plus ?

Une décision forte s'est imposée. Celle de quitter le monde des grandes multinationales, celui qui m'a formé et préparé pendant vingt-six ans de carrière, pour me lancer dans une nouvelle aventure professionnelle. Avec la volonté et l'ambition de mettre mon savoir-faire à disposition de nouveaux projets, de construire des organisations modernes et efficaces, et de contribuer à la création de valeur économique grâce à tout ce que j'ai pu apprendre.

Mon parcours personnel et ce que j'ai appris en vingt-six ans de tech

Tout a commencé ce jour-là. J'avais 6 ans, en septembre 1977, quand je suis entré en « seconda elementare » à l'école Livio Tempesta de Rome. C'était le début d'un nouveau voyage, je me souviens encore de ma curiosité et de mon angoisse de rejoindre cette classe. Le reste des enfants avaient déjà passé un an ensemble. J'étais le nouveau qui arrivait. Je ne savais pas, à l'époque, que cela serait toujours l'histoire de ma vie. Je suis quelqu'un de très timide et réservé. J'ai été le premier étonné de me fondre dans le décor sans problème. Aujourd'hui, je peux dire que le fait d'être capable de m'adapter reste l'une de mes qualités personnelles et professionnelles.

Notre professeure, Maria Marranghello, je l'avais déjà croisée en juin lors de l'examen d'admission dont elle était l'une des organisatrices. J'ai su plus tard qu'elle m'avait repéré et qu'elle avait décidé qu'elle voulait que j'intègre sa classe. Elle était une éducatrice très expérimentée, très célèbre à l'école pour ses opinions politiques fortes, et aussi pour son approche « anti-conformiste » de la pédagogie. Tout en suivant le programme standard, elle s'intéressait à toutes les méthodes alternatives. Elle mélangeait constamment la tradition et les nouveaux systèmes dans la façon dont elle abordait chaque jour nos activités.

Cela a été une énorme révélation. Mon éducation à la maison avait été très stricte. Avec beaucoup de règles, de valeurs, de principes censés « m'empêcher » de faire de « mauvaises » choses. Je suis bien sûr toujours très reconnaissant à mes parents de m'avoir donné ce cadre, il est toujours celui qui me façonne aujourd'hui. Mais je dois aussi dire que je ne serais pas « moi » sans ce que Maria Marranghello a apporté dans ma vie de garçon de 6 ans. La capacité de remettre en question le statu quo du système dans lequel vous êtes immergé, de vous assurer d'avoir une vision critique du contexte et, finalement, de construire votre propre point de vue. C'était à la fois extraordinaire et révolutionnaire pour tous les élèves de cette classe atypique. Cela nous a soudés pour toujours. Quarante-cinq ans plus tard, nous nous parlons toutes et tous encore quotidiennement grâce à WhatsApp.

Un jour, lors d'une sortie scolaire, nous sommes partis visiter un supermarché. Nous y avons été autorisés à « tout toucher », puis à confronter nos impressions et notre vision de ce qu'était un supermarché et de son fonctionnement. Nous avons étudié des articles d'un quotidien et organisé un débat formel. Nous avons lu des livres « hors du programme officiel »: *Marcovaldo* et la trilogie *Nos ancêtres*[1] d'Italo Calvino avec *Le Baron perché*, *Le Vicomte pourfendu* et *Le Chevalier inexistant*. Nous avons lancé notre propre journal, *Il Ficcanaso*, *Le Fouineur*, en écrivant des articles non seulement autour des activités de l'école, mais aussi sur l'actualité. Nous étions une « classe expérimentale »: nous avons accueilli une fille, Giulietta, avec de graves difficultés cognitives. Cela a aussi été une merveilleuse expérience d'acceptation, d'intégration, de patience et de maturité pour moi comme pour nous tous.

Je dois tant à Maria Marranghello dont la personnalité singulière m'intriguait. Sa vision m'a inspiré, son énergie porteuse reste un exemple inégalé. Sa capacité à nous aider à acquérir de nouvelles compétences m'a permis de faire preuve tout au long de ma vie d'un appétit d'apprentissage. Sa volonté constante de remettre en question les systèmes dépassés, de réinventer l'utilisation des outils d'apprentissage, m'a aidé à me concentrer sur le développement de toutes mes compétences d'analyse et de pensée critique. Sa manière d'être investie de sa mission, d'apporter sans cesse plus de valeur à

1. Italo Calvino, *Marcovaldo ou les Saisons en ville* – Juilliard, 1979 ; *Le Vicomte pourfendu* – Albin Michel, 1955 ; *Le Baron perché* – Seuil, 1960 ; *Le chevalier inexistant* – Seuil, 1962.

la table de sa classe, m'a aidé à savoir où placer la barre des attentes en ce qui concerne la transformation permanente et nécessaire des modes opérationnels. Enfin, sa passion pour ses élèves a été contagieuse et d'une grande leçon. Cela m'a permis de comprendre ce que signifie être engagé dans un véritable plan de développement avec les personnes avec qui je travaille, la valeur que je peux apporter, l'impact que je peux avoir.

Maria Maranghello m'a prouvé à quel point un professeur peut être essentiel pour forger la personnalité et la culture des jeunes générations. En France, nous avons récemment pleuré la perte d'un enseignant lors d'un attentat terroriste mortel. Samuel Paty a été « puni » pour avoir apporté à sa classe des éléments de pensée critique sur les débats de société. C'est une perte humaine terrible, évidemment, mais aussi, dans un sens plus large, une défaite pour la liberté et la démocratie. Je me sens le devoir de remercier, à travers Maria Marranghello, tous les enseignants et éducateurs qui ont choisi et choisiront un rôle aussi déterminant, gratifiant mais aussi difficile. Tout en les remerciant de leur engagement, malgré les embûches qu'ils rencontrent tous les jours en essayant d'avoir un impact sur chaque élève, je tiens à leur dire à quel point ils sont pertinents pour nous tous, individuellement et collectivement.

À l'été 1979, j'ai déménagé à Paris avec ma famille. Je me souviens encore très bien du jour où je suis allé une dernière fois à l'école Livio Tempesta avec mon père pour les formalités de mon inscription dans ma nouvelle école. Maria était présente, très émue à l'idée que je quitte la classe. La même semaine, elle est venue dans le centre de Rome avec sa Fiat 500 jusqu'à l'hôtel où nous séjournions avant de nous envoler pour Paris. Elle m'a offert un livre, *Il Fratelli di Volodia* de Jurij Korinetz, qui est toujours en bonne place dans ma bibliothèque et que je chéris. C'est aussi à elle que je dois ma passion pour la littérature ! Merci, chère Maria, d'être une figure si importante dans ma vie. Merci de ce que vous avez choisi de faire avec moi, pour moi. Merci de m'avoir tenu dans vos bras, il y a neuf ans, lorsque nous nous sommes retrouvés à Rome, si heureuse de me voir après trente-cinq ans. Et plus récemment, en décembre 2021, pour fêter vos 99 ans ! Merci d'être une personne si merveilleuse, dont l'influence a été si exceptionnelle sur l'homme que je suis devenu. Je ne l'oublierai jamais.

Ma famille

Avec ma sœur aînée, Daniela, nous avons eu la chance de grandir auprès de parents attentifs et présents, très exigeants mais aussi incroyablement aimants. Une vraie famille italienne, qui nous a donné confiance quand nous nous sommes lancés chacun à notre tour dans la vie active. Nous nous en sommes rendu compte après, une fois sortis du cocon pour nous confronter au monde du travail. Ils ont été pour nous à la fois un modèle et une référence. Un modèle, d'un point de vue du couple car, malgré les hauts et les bas de l'existence, ils sont restés pendant cinquante ans solidaires et fusionnels dans tous leurs choix au quotidien. Une référence, tant leurs personnalités, fortes et totalement complémentaires, ont été une source d'inspiration constante pour nous. Leur union était solide, leur comportement toujours sobre et raisonné, leur vision de la vie claire et apaisante.

Ma mère, Gina, est née à Rome dans une famille qui venait de Gaeta. Une jolie petite ville côtière, encastrée entre deux montagnes et la mer. Son père, Vincenzo Montaretto Marullo, était issu d'une famille très aisée de propriétaires terriens, il habitait un somptueux palais dans le centre. Tellement riche grâce à un héritage, son père, Don Nicola, n'avait jamais travaillé un seul jour de sa vie. Don Nicola était élégant, cultivé et respecté. C'était un véritable humaniste, d'une noblesse d'une autre époque, capable de léguer ses terres aux paysans qui les cultivaient. Il est mort jeune, laissant à sa petite et frêle épouse, Emilia, la responsabilité d'élever, avec une certaine sévérité, leurs neuf enfants. Sa mère, Maria Teresa, avait des parents d'un milieu nettement plus modeste et moins romanesque dont l'épicerie se trouvait en face du palais des Montaretto Marullo. Vincenzo était un don Juan exubérant. Sportif et casse-cou, il était un jeune homme hors normes, prêt à relever tous les défis, même les plus dangereux.

Il est tombé amoureux de Maria Teresa en un regard, une fois rentré dans la salle de classe, un matin de 1921. Elle était une jeune fille délicate et timide. Elle feignait de ne pas le voir, refusait de lui parler et rentrait chez elle entourée de la protection de ses camarades. Cela a duré ainsi pendant des mois. Mais Vincenzo ne s'est pas démonté. Il a su se montrer constant et romantique. Si bien qu'il a fini par conquérir son cœur avant de la demander en mariage. De leur union allaient naître six enfants.

Mon père, Angelo, est issu d'une famille solide, humble et modeste. Son grand-père était bâtisseur. Il a construit, en 1902, une maison de famille dans son village natal de Pocenia, à mi-chemin entre Venise et Trieste. Nous venons d'ailleurs de la racheter, avec mon père et ma sœur, pour la rénover et lui donner une deuxième vie. Son père, Amato, et sa mère, Rina, étaient des paysans taiseux. Amato n'était pas le genre à s'exprimer à tout bout de champ. Je me souviens d'une scène particulièrement mémorable. J'avais 8 ans. Nous déjeunions tous ensemble à Rome, probablement un dimanche. Au moment de l'entrée, mon père a demandé à mon grand-père un conseil technique pour construire un portail entre le jardin et la maison. Mon grand-père a continué de manger sa soupe de manière impassible, il n'a absolument rien dit. Une heure après, au moment du café, il s'est retourné vers son fils et lui a enfin répondu, comme si la question venait juste de lui être posée. Sa réponse a été brève, précise et sans appel. Pour lui, il était impossible de s'exprimer sans avoir au préalable réfléchi à ce qu'il fallait dire et pesé ses mots. Il lui a donné une réponse détaillée, synthétique et sans fioritures. Avant de terminer calmement son dessert.

Je me sens être la somme de ces deux mondes, de ces deux extrêmes, de ces deux piliers. Ils ont été les socles qui m'ont permis de me construire. Ma sœur a d'ailleurs écrit un beau livre, *Souvenirs de famille*, qui peint cette singulière histoire de notre famille en immortalisant tant de souvenirs qui nous ont été transmis quand nous étions petits.

Ma mère, qui nous a quittés trop tôt en 2013, était une femme extravertie, sportive, pleine d'énergie. Elle aimait l'art, la musique, la littérature, les relations humaines. Elle était une artiste dans l'âme, avec une étonnante intuition et une remarquable capacité de communication en public.

Mon père est un homme introverti, solide, pragmatique, ingénieux, passionné par la peinture, sportif. Il sait tout faire dans un jardin, sur un chantier, dans une maison, comme dans une salle de réunion.

D'elle, j'ai pris la créativité. Le goût des belles choses, l'art de communiquer, l'importance de l'attention aux autres, la générosité d'un point de vue humain. De lui, j'ai pris la discipline, la précision, l'obsession pour la qualité, le pragmatisme.

Quand nous étions petits, nous avons souvent déménagé pour accompagner les différents projets professionnels de mon père. Nous nous sommes posés à Rome, à Milan, à Paris puis de nouveau à Rome, à Milan, à Paris. C'était un tourbillon de voyages, de changements de classes, l'apprentissage des différences entre les villes et les pays. Cela a permis de tisser un lien très particulier entre nous. Cela nous a donné une force intérieure inexplicable. Cela nous a aidés à nous adapter à des contextes différents avec curiosité et ouverture, à nous ouvrir au monde extérieur. Aujourd'hui seulement, je me rends compte qu'avoir eu une famille aussi soudée n'est pas donné à tout le monde. C'est une chance, et même un privilège.

La première partie de ma carrière chez IBM

J'ai toujours voulu être architecte – c'est encore un rêve aujourd'hui. Mais en Italie, dans les années 1990, à moins de venir d'une famille du métier, cela impliquait de démarrer par dix ans d'apprentissage sans le moindre salaire. Il fallait songer à autre chose. Une école d'ingénieur pouvait me préparer à tout. Depuis l'adolescence, je dévorais la presse économique avec une espèce de frénésie. Au point que mon père s'en était offusqué, me disant que je devais étudier et produire au lieu de perdre mon temps en lisant ce que d'autres pensaient et écrivaient. À 19 ans, j'ai passé avec succès le concours d'entrée au Politecnico de Milan. Au bout de la première année, la moitié des effectifs a abandonné. La loi de la sélection naturelle s'imposait brusquement, alors qu'au lycée nous étions bichonnés un par un par les professeurs. J'ai continué mon chemin. Mes amitiés les plus fortes se sont forgées là. Pendant ces cinq ans, j'ai appris à travailler dur. Appris à me relever quand le niveau n'était pas suffisant et qu'il fallait recommencer. Entre-temps, ma famille avait déménagé à Paris. Je me suis retrouvé seul à devoir m'occuper de mes études et de la maison, quand tous mes copains vivaient dans leur famille. Je ne regrette pas ce moment, il m'a permis de mûrir plus vite même s'il était plus ardu de rester tout le temps bien concentré.

Deux ans auparavant, l'école venait de lancer un nouveau cours d'ingénierie axé sur l'organisation et la production industrielle. Je me suis passionné à essayer de comprendre comment tout fonctionnait: les machines à outils, les lignes de production et sa planification, la logistique, l'automatisation des processus.

J'ai d'abord décroché un CDD d'un an chez Axone, une filiale d'IBM, au département de secours informatique. La division permettait aux entreprises de reprendre leur activité informatique après un sinistre majeur. Chez Axone, tout le monde citait l'exemple de l'incendie du Crédit Lyonnais en 1996. Les prestataires habituels de la banque ayant échoué à faire redémarrer leur système, le Crédit lyonnais s'était tourné vers Axone, qui pourtant ne connaissait pas leur environnement technologique, mais avait tout de même réussi l'exploit d'arriver à faire repartir les applications de la banque. Le

CDD s'est transformé en CDI. D'abord dans un rôle plutôt technique. J'ai appris la haute disponibilité des systèmes d'information. Comment répliquer la puissance informatique et les jeux de données sur plusieurs sites afin d'avoir un service toujours disponible, même en cas de perte de l'un d'entre eux. J'ai été formé à être un ingénieur de « support avant-vente ».

En 1998, IBM a décidé d'intégrer sept filiales que la société avait créées au fur et à mesure. Nous nous sommes retrouvés absorbés par une énorme structure. Un peu effrayés, je l'avoue, de perdre en flexibilité et en autonomie. Mais, du fait de ses talents, de son histoire incomparable de réinvention et de son système de valeurs très fort et structuré, IBM a été une formidable école. Pour un jeune ayant tout à apprendre, cela a été incontestablement une expérience très enrichissante. J'ai découvert avec surprise et une certaine fierté, pendant mon MBA au Royaume-Uni, que les processus d'IBM étaient tellement bien rédigés qu'ils étaient souvent plus profonds et articulés que ce que l'on pouvait trouver dans les livres de théorie de référence. Là où mes collègues d'autres entreprises comme Vodafone ou Siemens (des organisations certainement plus jeunes et/ou moins bien structurées) trouvaient systématiquement des manques significatifs dans leurs processus internes par rapport à ce que nous étions en train d'étudier. IBM a survécu à plusieurs reprises à des difficultés majeures et a su renaître à chaque fois. Cela en fait une structure résiliente, rodée, bien pensée et bien opérée, avec un remarquable attachement à l'intégrité et à la responsabilité de chacun de ses employées.

Mon parcours chez IBM a été fortement marqué par des rencontres avec des « leaders » qui ont cru en moi et m'ont donné la possibilité de grandir et d'évoluer. Quand je regarde mon chemin jusqu'à aujourd'hui, je me rends compte de tout ce que je leur dois. Juste avant de quitter IBM, à l'automne 2010, je me souviens de cette réunion dans l'auditorium d'IBM France avec tous les dirigeants locaux et Ginni, nommée depuis peu comme nouvelle présidente au niveau global. Elle nous a expliqué sa vision de l'importance du leadership et du management. Elle nous a d'abord demandé de réfléchir et ensuite d'écrire sur notre Smartphone les trois qualités distinctives qui avaient caractérisé notre carrière. Elle nous a ensuite proposé de trouver pour chacune de ces caractéristiques l'emploi qui avait constitué le moment clé de notre parcours, celui qui nous avait permis de renforcer cette capacité jusqu'à la maîtriser complètement. Enfin, elle nous a invités à nous souvenir si, à chaque fois, le choix de ce travail venait d'un entretien avec un manageur. Quelqu'un qui avait su nous guider dans la réflexion sur notre potentiel et nous avait poussé à sortir de notre zone de confort pour nous lancer dans cette nouvelle aventure. Voilà une magnifique parabole sur le leadership et son impact sur notre développement. C'était exactement ce qui s'était passé pour moi durant mes quinze ans dans l'entreprise.

Le directeur de la première division business dans laquelle j'ai travaillé, Didier, avait détecté en moi un potentiel. Il m'a d'abord demandé de participer à la construction d'offres de services pour son entité dans le but d'aider les ingénieurs d'affaire à vendre les solutions avec plus de valeur et de facilité. Ce qui a très bien fonctionné. Plus tard, il m'a poussé vers le secteur des ventes. Un travail que je n'avais aucune intention initialement de faire. Je me rappelle encore très bien notre conversation de l'époque : « Carlo, si tu veux réussir chez IBM, tu dois passer par les ventes, c'est une expérience incroyable, cela va te permettre de grandir plus vite. Rencontre les personnes qui sont en train de monter cette équipe, discute avec eux, réfléchis aux défis et décide si c'est la bonne chose pour toi ». Il avait raison. C'était la voie à suivre, il m'a permis de vivre une aventure incroyable avec une nouvelle équipe en plein développement, des ventes complexes de services informatiques pour les entreprises du CAC 40. J'ai notamment eu en charge les relations avec le groupe Vivendi, dirigé alors par Jean-Marie Messier. Un groupe en pleine expansion avec des entreprises allant de la Générale des Eaux, aux services de « facility management » de Dalkia, aux médias avec Canal+, aux télécommunications avec SFR et Cegetel.

Quelques années plus tard, Annick, la directrice des ventes, a eu l'audace de me promouvoir manageur du département dans lequel je travaillais à l'époque, ce qui est assez inhabituel, en me disant qu'elle serait là pour m'aider à progresser. Cela a été un vrai succès grâce à une équipe soudée et courageuse qui a performé avec une rare excellence. Un collectif de talents, avec des personnalités et des profils profondément différents, qui a œuvré avec enthousiasme. J'ai été surpris que le manageur à qui j'avais succédé me demande de retourner dans notre équipe tant l'ambiance et la dynamique positive qu'il y voyait n'étaient pas comparables avec ce qu'il vivait ailleurs. Je me rappelle aussi avoir tout appris sur les ventes en regardant Annick lors de ses rendez-vous face aux clients. Même si j'avais connu un certain succès dans mon rôle de commercial, j'ai vraiment compris l'art de vendre, de convaincre et de savoir construire une relation commerciale en l'observant. J'étais impressionné par sa rapidité, son empathie, sa créativité. Elle était à la fois bluffante avec la vision qu'elle apportait mais aussi toujours très humble et à l'écoute dans sa façon d'échanger. Apprendre à ses côtés a été un vrai régal, elle reste pour moi une constante source d'inspiration.

Alain, le patron de la division d'intégration technologique, a eu la patience de comprendre mon refus de devenir directeur de l'agence de Lille. Il m'a ensuite proposé une nouvelle direction, celle des « services réseaux ». Il avait été vraiment surpris que je décline le premier poste : « Carlo, chez IBM personne n'a jamais refusé un travail de ce type, je te propose de manager une agence de 400 personnes, c'est extrêmement important pour notre organisation. Tu dois gérer un compte d'exploitation complet, c'est un rôle auquel tout le monde aspire». Mais, non, ce n'était pas pour moi. Je lui ai répondu que j'étais un Italien à Paris, que j'avais compris ces dernières années que ma réussite venait surtout d'une vision internationale et d'une passion pour la transformation des entreprises avec lesquelles je travaillais. Pour être le patron à Lille, il fallait d'abord aimer le territoire, en comprendre les industries phares, et prendre un engagement de moyen à long terme au cœur de cette région. Ce n'était pas un projet qui me faisait vibrer. Alain m'a calmement expliqué que je devrais attendre une autre opportunité de ce type le temps nécessaire à ce qu'elle se produise. Mais j'étais convaincu de mon choix. J'adorais ce que je faisais, je ne ressentais pas un besoin impérieux de bouger. Malgré la surprise provoquée par ma réponse, Alain s'est montré très compréhensif. Coup de chance, une autre opportunité s'est présentée rapidement. C'était le bon projet, au bon moment. Avec l'équipe Network Services, la direction des services réseaux, l'aventure a encore été merveilleuse. Avec un succès fulgurant, de très beaux contrats à la clé, et une réussite remarquée par IBM Europe qui voulait absolument rendre ce business encore plus profitable pour l'entreprise.

Deux ans après, Rizwan, le patron de l'entité Service réseau au niveau européen, m'a demandé de réfléchir à un projet pour comprendre comment transformer cette activité en quelque chose de plus solide d'un point de vue financier. Nous étions fin 2004. Je me rappelle très bien ces six mois de travail pour comprendre les activités disparates de toutes les régions de l'Union européenne, du Moyen-Orient et de l'Afrique du Nord, et définir ensuite un projet de transformation globale. Au même moment, IBM avait décidé d'embaucher les consultants de la société McKinsey pour étudier le portefeuille d'activité de ces régions du monde, de trouver des secteurs qui n'étaient plus dans la cible stratégique d'IBM et de s'en séparer. Rizwan et son supérieur Daniel, le patron de tous les services d'intégration technologique, m'ont donc demandé d'être le « subject matter expert ». L'expert chargé de fournir à McKinsey toutes les informations, sous accord de confidentialité, pour leur permettre de réaliser l'évaluation. Un *expert* qui avait également son idée sur la question… Cela a été une période incroyable. La même semaine de novembre, deux projets complètement différents sont arrivés sur la table de la direction d'IBM. Un rapport de McKinsey expliquait que ce business de services autour des réseaux était voué à l'échec, et proposait un programme pour le vendre et s'en débarrasser. L'autre était mon projet d'une refonte de l'activité. Il envisageait un changement fondamental du portefeuille d'offres et un autre, aussi fondamental, du système de motivation financière des forces commerciales. J'y avais ajouté un plan stratégique pour limiter la croissance du chiffre d'affaires et plus que doubler la profitabilité. Après des heures et des heures d'explications, IBM s'est décidé à suivre mes recommandations. 2005 s'est avérée l'année de la rescousse pour une activité qui, in fine, a réalisé des résultats étonnants, à la fois en croissance et en profit, en dépassant même le plan initial.

Daniel, qui avait observé tout ce processus, m'a d'abord proposé de le rejoindre à Madrid pour gérer cette entité d'IBM dans l'Europe du Sud. Une magnifique expérience internationale, avec des voyages de Lisbonne à Amsterdam en passant par Milan et TelAviv, pour aider chaque pays à croître sur cette activité. Une fois devenu président d'IBM France, il m'a demandé de retourner à Paris pour gérer la division « Integrated Technology Services », une équipe de 1 500 personnes ayant en charge tous les services d'infrastructure pour les clients français. La situation était très délicate. En 2007, cette équipe avait enregistré la plus mauvaise performance mondiale par rapport aux entités équivalentes. Elle peinait à mettre en place un plan clair pour remonter la pente. Le mois d'août a été un vrai cauchemar. Tout le monde pensait bien faire, individuellement et en équipes, mais globalement la « boutique » ne tournait pas du tout. Nous étions incapables de faire une quelconque prévision sur les résultats du troisième trimestre. Je pense même que tout le monde était en plein déni psychologique. Durant tout le mois de septembre, ça a vraiment été de la navigation à vue. En octobre, nous avons retroussé nos manches pour tout analyser et proposer un plan pour le quatrième trimestre et l'année suivante. Un plan que je me suis retrouvé à présenter en novembre à Madrid pendant quatre heures devant le patron des services monde d'IBM Global Technology Services. Après avoir décortiqué le projet, en posant énormément de questions, sa sentence a été sévère mais équitable : « Si déjà vous arrivez à réaliser ce que vous venez de nous raconter, cela sera franchement pas mal ». Il ne restait plus qu'à se lancer. Quelle satisfaction de pouvoir dire aujourd'hui que, non seulement notre quatrième trimestre a dépassé toutes nos attentes, mais qu'en 2008 et 2009, nous avons largement encore progressé. Pour surprendre tout le monde et devenir pratiquement la meilleure entité de service au monde en l'espace de seulement trois ans. Que de merveilleux souvenirs avec les incroyables talents qui ont participé à cette belle aventure et qui rencontrent aujourd'hui encore beaucoup de succès chez IBM, Kyndryl ou d'autres entreprises du marché.

Je ne peux que remercier les équipes avec qui j'ai pu réaliser ces objectifs et les « leaders » qui m'ont permis de me lancer. J'ai découvert le plaisir d'atteindre l'excellence. D'abord en étudiant de fond en comble les dossiers pour comprendre les problèmes et les opportunités. Ensuite en motivant une équipe autour d'un projet et tout mettre en œuvre, sans relâche, pour parvenir à atteindre les objectifs. Grâce à tout cela, mes quinze années professionnelles chez IBM ont été d'une formation sans égale.

Chez IBM, j'ai appris la rigueur dans la gestion d'un business. Le courage pour défendre ses idées avec de la bienveillance et de la confiance. Le plaisir de développer un projet rendu possible par le travail en amont de femmes et d'hommes d'un service de consulting qui s'appuie d'abord sur la compétence et la motivation des équipes, le respect des autres par-dessus tout et en n'importe quelle circonstance. Aujourd'hui, je regarde ce parcours avec fierté et admiration pour les personnes que j'y ai pu côtoyer. Certains sont d'ailleurs toujours parmi mes amis les plus chers.

Arrivé à l'âge de 39 ans, j'ai néanmoins ressenti un peu de frustration face à la stratégie menée par l'entreprise. Elle me paraissait avoir un peu perdu de souffle, de vision et d'investissements dans les produits technologiques. J'ai eu besoin de me prouver que je pouvais réussir et me développer davantage dans une autre organisation. L'heure avait sonné : je devais m'engager ailleurs, dans un nouveau projet. Une opportunité s'est présentée à la fin de l'année 2010.

En 2008, le cabinet Forrester a publié une étude qui a fait un certain bruit. Elle indiquait que, dans le monde de la technologie, les entreprises qui sortiraient gagnantes dans un futur proche seraient celles comprenant à la fois le marché de l'entreprise et les besoins des consommateurs individuels.

Microsoft a représenté pour moi cette opportunité. IBM avait cédé sa division PC à l'entreprise chinoise Lenovo et avait renoncé à être présent sur le marché du grand public. Microsoft était, de loin, l'entreprise la plus convaincante avec un portefeuille suffisamment étendu et percutant pour être à la tête du peloton des « leaders » de demain selon les critères de Forrester.

Mon expérience avec Microsoft, trois équipes en deux pays

J'ai rejoint l'équipe de Microsoft, à Issy-les-Moulineaux, en janvier 2011 avec une idée très claire en tête. Je souhaitais évoluer dans une entreprise technologique capable d'avoir un impact sur la façon dont les gens vivent et travaillent.

L'expérience a été supérieure à toutes mes attentes. J'ai eu le privilège de travailler pour une entreprise dont l'impact est considérable sur la vie de milliards d'individus. Une entreprise qui met constamment l'accent sur la « démocratisation » des opportunités permises par la technologie, et qui s'en soucie tellement au point que c'en est même devenu sa mission. Responsabiliser les autres et les aider à saisir les opportunités sont les principes les plus épanouissants lorsque vous travaillez dans l'industrie de l'innovation technologique.

Mon parcours chez Microsoft a débuté en tant que directeur de l'équipe consulting en France. Je garde d'excellents souvenirs de ces deux premières années et de l'accueil chaleureux de mes collègues. Nous n'avons pas ménagé nos efforts pour devenir la meilleure équipe de consultants au monde. Je suis fier non seulement des résultats que nous avons obtenus, mais aussi de la fantastique cohésion construite avec tous les talents de l'époque. Ils n'en sont pas restés là, ils dirigent aujourd'hui avec succès des équipes et des entreprises avec la même mentalité pugnace que nous avions adoptée. Ce moment de ma vie professionnelle a également été crucial.

Grâce au coaching généreux et percutant d'Éric, qui était mon chef à l'époque chez Microsoft France, j'ai appris à trouver un équilibre entre le sérieux de la performance de l'entreprise et le côté humain, le « plaisir », éléments si cruciaux pour le succès d'une équipe. Avoir monté le premier groupe de rock de Microsoft France est l'un de mes souvenirs clés de cette année 2011. Un groupe sans nom qui reprenait des morceaux de Depeche Mode, U2, Muse ou Maroon 5. Nous étions sept, avec une batterie, une basse, deux guitares, un piano et deux voix, dont la mienne, même si je n'avais jamais chanté de ma vie devant un public ! Quel honneur d'être monté sur scène, en février 2013, en tant qu'invité spécial à la fête annuelle de Microsoft France !

Un mois auparavant, j'avais déménagé à Milan pour me préparer à un nouveau rôle, celui de « country manager » de Microsoft Italie. Retourner dans mon pays d'origine et y contribuer à la numérisation des secteurs privé et public a été une expérience incroyable. Auparavant, j'avais eu l'occasion d'occuper des postes internationaux avec des clients sur place, c'était la première fois que ma responsabilité était à cent pour cent axée sur l'Italie. J'ai dû tout réapprendre. En commençant par améliorer mon « italien professionnel » qui avait sérieusement rouillé ! Les cinq années qui allaient suivre ont été chaque jour un mélange réussi de plaisir et d'énergie. Avec une équipe incroyable, nous avons beaucoup reconstruit en interne en nous concentrant sur nos forces, en resserrant des liens solides avec l'écosystème de nos partenaires (notamment avec des conférences partenaires mémorables aux États-Unis) et en structurant la bonne approche avec chaque client. Notre intention stratégique était très claire : nous travaillions à devenir « le » partenaire de confiance pour la transformation numérique du pays. Notre méthode consistait à nous appuyer sur l'humilité et la persévérance. À avoir une attitude mentale, basée sur les valeurs et la créativité, axée sur la croissance. « The sky is the limit », dit une expression anglo-saxonne. Ce qui veut dire qu'il n'y a pas de plafond lorsqu'un tel rassemblement de talents se concentre en équipe sur l'obtention de résultats sans précédents. Nous avons réalisé une fantastique performance commerciale. Mais, encore plus que cela, je pense que la satisfaction de construire quelque chose d'unique ensemble a été le véritable moteur de notre succès. Notre déménagement au nouveau siège de Microsoft dans le centre de Milan a été « l'expérience physique » qui a traduit cette vision et cet esprit. Là encore, cela a été un moment inoubliable. Je suis très fier d'avoir vu, juste après mon départ, la branche italienne remporter enfin la « Sub of the Year Cup » en interne. Et aussi que de nombreux collègues italiens de l'époque dirigent aujourd'hui, en Italie et à travers le monde, des équipes de main de maîtres. Je garderai aussi dans mon cœur les souvenirs de nos concerts avec notre fantastique groupe italien The Sparks. Il nous arrivait d'être jusqu'à onze sur scène. Notre répertoire comprenait des reprises de morceaux de U2 et de The Black Keys mais aussi d'artistes italiens comme Vasco Rossi, Negramaro ou Jovanotti. Cela sonnait à la fois très rock et très mélodique. Je vous assure que ça envoyait !

Fin 2017, j'ai de nouveau eu des envies de changement. Le temps était venu de passer à autre chose. J'ai discuté avec la direction de Microsoft de plusieurs opportunités pouvant me permettre de contribuer à l'essor d'autres zones géographiques comme Dubaï ou New York. New York me tentait, mais mon cœur a toujours été profondément européen. J'espérais surtout qu'une opportunité se présente au sein de l'Union Européenne. Grâce à un jeu de chaises musicales, le poste de président de Microsoft France se trouva à pourvoir. Michel, directeur de toute l'Europe à ce moment-là, était un excellent manageur au style très moderne à qui je dois beaucoup. Il m'a proposé de rejoindre son équipe. Je suis revenu à Paris en 2018 pour prendre la direction de Microsoft France. Une autre occasion fantastique s'offrait à moi d'avoir un rôle à jouer dans un pays que j'aime et qui a été ma « maison » pendant la moitié de ma vie.

Les quatre dernières années à la tête de Microsoft France

En rentrant en France, cinq ans après mon départ, j'ai découvert que la donne n'était plus la même. Le marché avait changé, le rapport aux questions de technologie et de « cloud » également. La dynamique de la « French Tech », les jeunes entreprises du numérique, était d'une réalité surprenante. L'ambition globale de la transformation numérique de l'entreprise était de créer un bel écrin dans lequel opérer. Très vite, avec mon équipe de direction, nous avons décidé comment positionner au mieux Microsoft dans le pays. Comment en faire un catalyseur de développement et augmenter l'impact de l'entreprise vis-à-vis de nos audiences. Au printemps de la même année, nous avons eu l'occasion de mettre en pratique le fruit de notre réflexion commune sur le développement de l'intelligence artificielle.

Fort de notre mission, qui est de *donner à chaque individu et à chaque organisation les moyens de réaliser ses ambitions*, Microsoft s'est positionné comme un partenaire stratégique pour libérer le potentiel numérique de la France. Notre propre transformation, tant au niveau business que culturelle, était portée par la vision de notre PDG, Satya Nadella, qui venait de publier un livre de référence, *Hit Refresh*, malheureusement pas traduit en français. Cette transformation interne nous plaçait dans une position privilégiée pour accomplir notre mission en aidant nos clients dans leur propre parcours de mutation numérique.

Dans un monde qui change, sous l'impulsion du cloud intelligent et de la diffusion de l'intelligence artificielle notre vocation était de soutenir la transformation numérique de toutes les entreprises : des plus grandes issues du CAC 40 aux plus petites, comme les TPE, les PME ou les start-up. Nos valeurs d'ouverture et de confiance, ainsi que notre stratégie fondée sur le cloud et la démocratisation de technologies disruptives – la réalité mixte, l'intelligence artificielle, l'informatique quantique… – constituaient autant d'atouts pour soutenir notre dynamique de croissance en France.

Nous nous attachions également à favoriser la créativité de chacun grâce à nos services et dispositifs numériques qui créaient de nouveaux segments de marché et ouvraient la voie à des innovations de pointe. Notre ADN partenarial s'exprimait aussi au travers d'une relation privilégiée avec les développeurs et les « gamers ».

Microsoft était présent en France depuis plus de trente ans. L'entreprise inscrivait enfin son engagement à la fois dans les régions et dans la durée. Du cloud localisé au sein de « data centers » à l'accompagnement des start-up réunies sous la houlette de Station F (le plus grand incubateur de start-up crée par Xavier Niel) sous le signe de l'intelligence artificielle, en passant par la formation au numérique des personnes éloignées de l'emploi et la formation des plus jeunes, Microsoft affirmait plus que jamais la place stratégique de la France dans l'économie numérique mondiale.

Parmi les projets et les programmes de ces dernières années je tiens à citer quelques initiatives qui me sont particulièrement chères. D'abord la création en 2018 d'une École d'intelligence artificielle pour les chercheurs d'emploi, réalisée avec l'appui de Simplon.co (un réseau de fabriques solidaires et inclusives qui propose des formations gratuites aux métiers du numérique). Une action qui n'a ensuite cessé de se déployer sur l'ensemble du territoire français avec plus de 22 promotions et 500 étudiants. Forts d'un cursus de formation de 7 mois et ensuite d'un contrat de professionnalisation de 12 mois au sein d'une entreprise locale, ils peuvent ainsi retrouver facilement une occupation en ayant impulsé une nouvelle direction à leur parcours professionnel.

Ensuite la création de Microsoft AI Factory qui avait pour but de fédérer et d'accompagner une communauté de start-up françaises dans le monde. Avec notamment des parcours approfondis pour chaque secteur d'activité en collaboration avec de grandes entreprises, comme Novartis pour le pharmaceutique, Danone pour l'alimentation, Schneider Electric pour l'énergie.

La signature avec l'ensemble de mon comité de direction de la charte de #JamaisSansElles visait à promouvoir la diversité et l'inclusion dans le monde de l'entreprise. Notre charte a été une première, grâce à l'ampleur de son engagement pour l'ensemble de la filiale. Elle a depuis été reprise par d'autres entreprises dont SAP, Dentsu Aegis, Oracle, BNP.

La création du collectif Impact AI en France, avec à ce jour la participation de plus de 50 organisations (des entreprises, des start-up, des écoles, des institutions) avait pour but de partager les enseignements sur l'utilisation de l'intelligence artificielle et de favoriser une utilisation « positive et respectueuse » de ces nouvelles technologies. Elles sont très puissantes et doivent donc être maîtrisées pour permettre un impact vertueux sur les organisations et les individus.

Le projet Digital Lab a abouti à l'ouverture des laboratoires de Microsoft dans des villes comme Nantes, Bordeaux, Toulouse et Lyon, afin de proposer une plus grande proximité entre notre écosystème d'acteurs informatiques locaux et nos clients, avec un lieu d'innovation permettant d'interagir et de créer ensemble.

Le parrainage du programme Jeunes Citoyens du Numérique d'Unis-Cité, la première association œuvrant pour le service civique, avait l'objectif de former des centaines de jeunes qui choisissaient de dédier une année de leur formation aux nouvelles technologies. Afin qu'ils puissent à leur tour se rendre dans des établissements scolaires et sensibiliser des dizaines de milliers d'étudiants, entre 8 et 16 ans, sur l'utilisation responsable des outils du numérique.

Le programme #GardonsLeLien, lancé avec la fondation Simplon pendant la crise sanitaire de la Covid-19 grâce à la mobilisation d'un groupe de 50 entreprises, a permis l'organisation de l'achat et de la distribution de plus de 20 000 dispositifs numériques (PC et tablettes) destinés aux hôpitaux et aux EHPAD. Avec l'objectif de permettre aux patients de rester en contact avec leur famille pendant la phase de confinement, particulièrement difficile pour les malades et les personnes âgées.

Enfin, il y eut l'opération Minecraft #PlantForLife. Une initiative, annoncée à la fin de l'année 2021, en partenariat avec la fondation Yves Rocher. Elle visait à permettre à l'ensemble des joueuses et des joueurs utilisant le jeu vidéo Minecraft de planter virtuellement des arbres. La particularité étant que chaque arbre planté virtuellement dans le jeu devenait un arbre bien réel planté par la fondation Yves Rocher dans une de ses plantations en France, en Éthiopie et en Équateur. 100 000 arbres ont été plantés virtuellement en moins de trois mois. Cela va permettre la plantation d'une forêt mesurant l'équivalent de 140 terrains de football dans les prochains mois!

Ces différentes initiatives sont des exemples de l'engagement de Microsoft France, pendant les années de ma présidence, pour constituer avec notre écosystème de partenaires une force active dans la transformation de notre société. Je suis fier de leur mobilisation. Je suis encore enthousiasmé d'avoir vu autant de clients parier sur l'avenir en utilisant les actifs de Microsoft pour être compétitifs et s'imposer sur leur marché. L'accélération perçue depuis 2020 en raison de la survenue de la pandémie aura au moins eu le mérite d'aider les entreprises françaises à dynamiser leur processus de transformation. Nous avons vraiment été honorés et heureux d'avoir été là pour aider chacune d'entre elles.

Ces dernières années ont toutes été axées sur la rencontre et l'échange avec des personnes incroyables désireuses d'avoir un impact sur le monde d'aujourd'hui et de demain. Des femmes et des hommes persuadés que la technologie contribue positivement au progrès du monde des affaires, et plus encore de celui de notre société. Elles et ils l'ont fait et continuent de le faire avec un enthousiasme inégalé. En prenant soin les uns des autres et du monde dans lequel ils évoluent d'une manière unique. Comme pour l'Italie quelques années auparavant, l'équipe française vient de remporter la coupe du « Pays de l'année » dans son cluster de référence, et je pense que c'est un couronnement spectaculaire au travail que nous avons fait ensemble, surtout en ayant attendu 10 ans avant de revenir au plus haut de ce podium !

Les deux dernières années, avec le déclenchement de la pandémie de la Covid-19, ont été une expérience très forte et structurante en matière de leadership, de gestion de crise, de solidarité et de résilience. Cela a été un privilège de vivre cette expérience avec nos collègues et de voir comment nos équipes et nos partenaires ont su se mobiliser pour soutenir nos clients dans cette série d'événements critiques. Je suis vraiment reconnaissant d'avoir pu travailler au quotidien avec autant de talents exceptionnels, de sentir la passion et la profondeur qu'ils mettaient dans leur travail pour résoudre certaines des équations les plus difficiles pour nos clients.

Merci à tous pour tout ce que vous avez réalisé. Je vais garder un œil grand ouvert sur ce que vous allez déployer pour soutenir la croissance compétitive et durable des pays dans lesquels nous avons opéré ensemble.

La technologie au service de la transformation et de la croissance de l'Europe

Je vous propose de faire un petit retour en arrière de quelques années pour me permettre de mieux expliquer la raison d'être de cet ouvrage. Ma passion pour la transformation d'un pays grâce aux technologies a pris son envol quand j'ai eu l'opportunité de retourner, au début de l'année 2013, dans mon pays natal en tant que « country manager » pour Microsoft. Une fonction qui était non seulement une position privilégiée pour observer la digitalisation d'une nation, mais aussi pour avoir un impact sur celle-ci. Microsoft est une entreprise mondiale dotée d'un portefeuille de produits et de solutions à la fois pour les entreprises et pour les consommateurs des divers secteurs géographiques. Elle permet d'observer précisément le niveau d'adoption de la technologie dans un tissu national. D'avoir une vision globale sur les évolutions de ses différentes lignes de business par zone géographique, ce qui lui permet de comparer en temps réel les différences de dynamique d'adoption et de vélocité d'innovation entre les différents pays du monde.

Je me souviens encore très bien des réactions, en février 2013, lors de mon retour à Milan. Il y avait de la curiosité pour quelqu'un qui revenait dans son pays natal après dix-huit ans passés à l'étranger. En fait, il y avait, et il y a d'ailleurs toujours, une discussion en cours en Italie sur celles et ceux qui quittent le pays par manque d'opportunités professionnelles. Je fais partie de ceux qui sont partis et revenus. Cela a été l'événement déclencheur de plusieurs discussions. Collègues, partenaires et journalistes me posaient tous la même question. Pourquoi revenez-vous en Italie ? Un pays brisé, qui ne fonctionne pas correctement. Un pays qui ne grandit pas, ne crée pas d'opportunité. Pourquoi n'avez-vous pas continué votre carrière là où les choses sont possibles ?

La question m'a étonné. J'étais justement revenu parce que je savais que le pays n'était pas en parfaite santé. Je l'ai fait, porté par le besoin de contribuer à changer la situation grâce à ce que j'avais appris pendant les années où j'avais vécu et travaillé ailleurs. Je croyais fermement que la technologie était un puissant levier pour un changement nécessaire. Microsoft est une force motrice pour la transformation numérique à l'échelle mondiale. Et, avec un écosystème fort, nous pouvions avoir un impact en Italie plus rapidement que jamais. C'était mon ambition, je dois avouer que c'est d'ailleurs ce que nous avons réussi à faire les années suivantes.

L'Italie est le pays développé ayant le plus souffert de la crise financière de 2008. En 2015, son PIB était tombé à 76 % de son niveau d'avant la crise. D'autres pays avaient pu se redresser plus rapidement que l'Italie entre 2008 et 2015. Le PIB de la France en 2015 était égal à 82 % de son PIB de 2008. Celui du Japon de 85 %, celui de l'Allemagne de 89 %. Le Royaume-Uni et le Canada, eux, étaient revenus au même niveau, donc autour de 100 %. Quant au PIB des États-Unis en 2015, il était supérieur de 22 % à celui de 2008 si l'on prend les données de la Banque mondiale.

Une autre façon d'examiner le problème consistait à se pencher sur la capitalisation des sociétés nationales cotées en bourse. Si nous regardons la période de 2006 à 2014, les données de la Banque mondiale montrent que, malgré la crise, la plupart des pays avaient augmenté la capitalisation boursière de leurs entreprises nationales cotées en bourse, les États-Unis étant en tête du peloton avec une croissance de 36 % en huit ans. Seuls trois pays présentaient des problèmes : le Japon avait diminué de 6 %, la France de 14 %. En Italie, la baisse avait été tout simplement incroyable, la capitalisation boursière en 2014 n'étant que de 57 % de ce qu'elle était huit ans auparavant. Cela signifiait que les entreprises cotées en bourse avaient perdu tout simplement la moitié de leur valeur.

Cette situation macroéconomique a créé pour les Italiens ce que j'appellerais un «piège de confiance». Les étudiants, les cadres, les entrepreneurs, tout le monde souffrait d'un manque de confiance et de croyance dans les capacités du pays. Cela m'a surpris. J'avais été habitué à une Italie où, malgré tout, les gens étaient extrêmement résilients et optimistes. Les crises successives de ces dernières années avaient sapé cet atout et créé une prophétie autoréalisatrice de «décadence nationale» avec la contribution de tous. Y compris de la part des médias et des élites politiques.

L'impact a été très visible car l'Italie a connu depuis cette période un «écart d'investissement» important dans tous les secteurs, indépendamment des tailles des entreprises. Nos entrepreneurs ont en quelque sorte perdu la main sur où et comment créer de nouvelles sources de croissance. En particulier dans le secteur de la technologie, l'Italie avait un ratio entre les investissements informatiques et le PIB qui, jusqu'aux années 1990, avait été similaire aux autres pays développés. Mais, depuis lors, cet investissement avait constamment diminué et représentait maintenant près de la moitié de celui des autres pays. Difficile de ne pas relier cet indicateur à la capitalisation boursière totale et d'extrapoler un manque de vision au cours des 20 dernières années sur la façon dont la transformation basée sur la technologie peut créer de la valeur économique. Les indicateurs de recherche et développement ne font pas exception et montrent que les dépenses globales ont toujours été faibles en Italie. Et, qu'au lieu d'augmenter, elles ont encore diminué ces dernières années.

Le résultat de cette situation fait que l'Italie a connu ces dernières années le taux de chômage le plus élevé de son histoire. Un taux particulièrement élevé parmi les plus jeunes générations. L'entrepreneuriat, malgré des décennies de succès et des affaires internationales florissantes dans de nombreux secteurs, avait malheureusement également décliné. Le pays a manqué d'innovation en matière de produits et de services, d'ambition internationale et d'investissements.

L'administration publique travaille avec des organisations, des compétences, des processus et des actifs qui sont exactement les mêmes qu'il y a vingt ans, voire plus. Il n'y a pas eu d'impact visible en matière de transformation des services aux citoyens. La fragmentation et l'obsolescence ont neutralisé tout type d'innovation possible. Malgré l'initiative locale et individuelle – nous avons heureusement encore de grands exemples d'innovation et des « leaders » avec une vision et une volonté de transformation – il est extrêmement compliqué de changer le résultat final. Celui-ci n'est clairement pas visible du point de vue du citoyen.

En cinq ans d'activité en Italie, j'ai vu quatre changements de premiers ministres et de leurs gouvernements avec, successivement à la tête du pays Mario Monti, Enrico Letta, Matteo Renzi et Paolo Gentiloni. Tous ont essayé de faire de leur mieux pour mobiliser l'énergie et les citoyens et les emmener dans la bonne direction. Bien sûr, nous pouvons nous réjouir d'avoir résolu plusieurs problèmes mais, malheureusement, nous ne pouvons pas prétendre avoir créé un nouvel avantage concurrentiel durable pour le pays. La loi sur l'emploi est probablement l'un des meilleurs exemples de progrès réalisé pour réduire un écart concurrentiel. Mais l'Italie a besoin de plus que cela. Le pays doit ouvrir une voie pour la croissance économique. Cela nécessite un effort conséquent à la fois dans la vision et les capacités d'exécution de nos élites politiques.

Les médias, il faut bien l'avouer, n'ont pas non plus aidé. Jour après jour, une partie importante de ce que je lisais dans les journaux, sur les blogs et les réseaux sociaux, de ce que je voyais à la télévision, était une simple critique de ce qui ne fonctionnait pas. Ces types de médias se contentaient de diffuser des messages négatifs à travers le pays. Comment les jeunes générations peuvent-elles avoir confiance en leur avenir si tout ce qui leur était proposé consistait à pointer du doigt les dysfonctionnements ? Pourquoi croyons-nous toujours que les autres n'effectuent pas leur travail ? Qu'en est-il de nous-mêmes ? Qu'en est-il du partage des idées sur la meilleure façon de résoudre les problèmes ? Que diriez-vous de parler des faits et des personnes qui créent déjà un impact positif, ceux qui pourraient devenir un exemple en suscitant une forme de traction positive sur l'imaginaire collectif? Il est intéressant de réfléchir au pourcentage, très faible, de signaux positifs envoyés par nos médias. Ils pourraient et devraient, au contraire, essayer de favoriser un environnement où des messages plus constructifs seraient là pour mobiliser les gens et aider à combler ce terrible « déficit de confiance ». La guerre des audiences a détruit une grande partie de la valeur journalistique qui était un élément d'excellence dans les années 1970. Le débat public s'en est trouvé abaissé à des niveaux improbables et parfois même embarrassants.

Est-ce que cette description de ce qui s'est passé en Italie vous rappelle quelque chose ? Est-ce un cas unique, ou est-ce, tout simplement, la dynamique négative d'un pays en souffrance ?

Malgré toutes ces questions et ces défis, j'ai toujours cru fermement qu'en Italie il existait un énorme « potentiel inexprimé ». Certaines des lacunes les plus importantes pouvaient être considérées comme des opportunités, des fruits à portée de main. Le pays étant en retard sur tant de fondations, il était urgent de se concentrer sur ces plus grandes failles pour obtenir des résultats. Les investissements dans la recherche et le développement, dans la transformation numérique, y compris l'Internet des objets et le cloud, étant à mon avis les leviers que nous devions pousser en raison de l'impact positif qu'ils pouvaient avoir sur le PIB. Les solutions étaient mûres, l'écosystème local pour transformer les opportunités en avantages réels était prêt. C'était une course dont nous devions prendre le départ le plus vite possible.

Si nous avons été en mesure d'insuffler une dynamique industrielle et commerciale au cours des soixante-dix dernières années grâce à l'entrepreneuriat individuel et à la création de districts industriels, nous devions maintenant réinventer un système axé sur l'avenir. Un système où nous investirions massivement dans l'innovation ouverte et collaborative. Il nous fallait comprendre qu'en travaillant ensemble et en collaborant de manière croisée avec un écosystème plus vaste, nous serions plus forts. C'était partout la norme. Restait à faire en sorte que cela fonctionne durablement aussi en Italie.

Le gouvernement de Mario Draghi, pour la première fois après deux décennies de grandes difficultés, a redonné au pays une force, une vision, une crédibilité internationale et un minimum de stabilité. Ce qui peut aider ce merveilleux pays à se ressaisir des opportunités qu'il a entre ses mains. En exploitant ses atouts, l'Italie a les moyens de retrouver de la vigueur industrielle, une confiance en ses propres moyens, de la résonance mondiale et de la compétitivité. Après les récentes démissions du Premier Ministre à la suite d'une nouvelle crise politique surprenante, et à mon avis franchement irresponsable à un moment aussi délicat de l'histoire, l'Italie doit maintenant trouver une nouvelle voie, et j'espère vraiment qu'il y aura, pour ce merveilleux pays, l'occasion de retrouver le leadership, la stabilité et la planification à long terme que les Italiens méritent.

#Restarteurope pour digital venice en 2014

De mon expérience en Italie chez Microsoft, j'ai gardé un souvenir tout particulier de l'événement vraiment remarquable que nous avons organisé en 2014. À la fin de l'année 2013, nous avons proposé au gouvernement d'Enrico Letta de rassembler un groupe d'entreprises de technologie autour d'une table pour favoriser l'organisation d'une conférence sur le digital afin de démarrer en beauté le semestre de présidence italienne du Conseil de l'Union européenne. Cela constituait une première. C'était une façon inattendue de célébrer l'innovation, mais aussi de réfléchir sur la manière d'apporter des solutions aux vrais problèmes de notre continent. La proposition a été bien reçue. Malgré un changement un peu soudain de premier ministre et l'arrivée de Matteo Renzi au printemps 2014, notre projet a été validé.

Le 7 juillet 2014, Microsoft et ses partenaires ont réuni à Venise cent soixante jeunes chercheurs universitaires et startupeurs de vingt-trois pays de l'Union européenne. Tous avaient été repérés par nos collègues européens comme étant brillants et passionnés par l'impact des nouvelles technologies sur leur pays et animés par le feu de l'innovation.

L'objectif était qu'ils se réunissent en groupes de travail sur des thèmes d'intérêt général pour ensuite proposer leurs recommandations aux différents ministres de l'innovation digitale réunis à Venise le lendemain, le 8 juillet 2014. Baptisé

« Digital Venice », l'événement a été conçu et parrainé par Matteo Renzi, avec la participation de tous les pays de l'Union européenne.

Cette journée du 7 juillet restera mémorable. En vingt-six ans de carrière professionnelle, je n'ai jamais vu autant de compétence, autant d'énergie et un résultat aussi clair en seulement vingt-quatre heures. Les jeunes connaissaient bien sûr à l'avance les thèmes dont ils auraient à discuter ensemble. Mais ils ne se connaissaient pas et ignoraient la méthode que nous allions utiliser. Nous avons commencé la journée par deux heures d'interventions des principaux conférenciers venus présenter les axes à explorer. Après une rapide explication du programme, nous avons organisé les jeunes talents en groupes par rapport à leur thème de prédilection. Ils ont fait eux-mêmes quelques changements après avoir observé des disparités en nombre ou des manques de diversité. Puis ils se sont mis à travailler avec une concentration absolument incroyable. L'ambiance était très calme dans cette magnifique salle de l'Arsenal de Venise – un énorme hangar d'une grande beauté ne pouvant que stimuler les esprits. À part certains collègues d'Accenture, d'Avanade, de HP et de Vodafone, qui ont aidé sur la coordination, tout le travail a été fourni par les jeunes. Cédric Villani nous a fait l'immense plaisir de participer à l'événement en qualité de conférencier et a livré un discours remarquable sur l'innovation et la méthode scientifique. Il a ensuite papillonné entre les groupes pour écouter et contribuer, et a été visiblement ému par l'énergie débordante de ces nouveaux talents.

Je n'ai pas vu ces groupes de travail faire de pause, il y avait trop d'excitation, de concentration et de plaisir. Et aussi certainement l'orgueil de pouvoir ensuite remettre aux gouvernants européens des recommandations claires et significatives. Le travail a continué tard dans la nuit et, enfin, nous avons réussi à le finaliser pour être prêts. Le lendemain, la synthèse a été présentée à Neelie Kroes, alors commissaire européenne à la société numérique de la Commission Européenne.

Ce qui m'a le plus profondément marqué dans cette expérience de travail est le résultat final. D'une part pour la rapidité et l'efficacité des équipes qui ont permis de réaliser cet exploit avec seulement un jour de travail, en faisant une démonstration épatante de compétence et d'agilité. D'autre part par la sagacité et la finesse de leurs recommandations. Quand je relis ce document plusieurs années après, je continue de trouver que les idées étaient et restent excellentes. Elles peuvent sans aucun doute encore aujourd'hui permettre d'insuffler une multitude d'idées pour des start-up européennes ou des projets de nouveaux produits et services pour beaucoup d'entreprises existantes souhaitant transformer leur business model.

Cet événement a été pour moi une vraie illumination. Et aussi le début d'une confiance sans faille pour un futur meilleur, porté, accompagné et soutenu par l'utilisation responsable des nouvelles technologies. *Un futur souhaitable, rendu possible par l'intelligence collective, capable, elle, d'en dessiner les contours et d'en développer toute la valeur.*

Afin de stimuler notre continent, nous devons plus que jamais trouver des moyens de tirer parti de notre atout numéro un. Les connaissances, les savoir-faire, les valeurs et les énergies des citoyens européens. Nous pouvons construire de nouveaux avantages concurrentiels à condition de donner plus de pouvoir aux jeunes générations, d'investir davantage dans l'éducation et le développement des compétences dans toutes les phases de la vie de chacun, de multiplier les opportunités pour l'entrepreneuriat féminin et la participation des femmes au marché du travail en général. Mais aussi d'amplifier les messages de réussite individuelle et collective avec une approche « pédagogique » positive.

Cela nécessite de la concentration, de la responsabilité et de la collaboration de la part des entrepreneurs, de l'administration publique, des gouvernements et des médias. Collectivement, tous peuvent et doivent aider à façonner l'avenir d'un pays.

La quatrième révolution industrielle et ce qu'elle apporte d'absolument unique à notre époque

Un peu d'histoire sur l'innovation et la « tech »

L'informatique est une histoire déjà vieille d'une centaine d'années. Tout a commencé avec l'idée simple de créer une machine qui permette d'aider les personnes à réaliser des tâches plus facilement. Un des pionniers de cette industrie est justement IBM. Au début, la firme fabriquait des machines à écrire. Ensuite, elle s'est mise à concevoir des ordinateurs, ce qui a provoqué l'explosion de l'informatique telle qu'on la connaît aujourd'hui. C'est à partir des années 1960 que la technologie est entrée dans l'industrie et dans le monde des services financiers par la grande porte.

Des années 1960 jusqu'à la fin des années 1980, l'informatique était la plupart du temps une grosse machine à calcul dans une énorme et impressionnante salle conçue et équipée pour permettre son hébergement. Cet ordinateur réalisait des calculs avec une puissance du processeur largement inférieure à ce que nous avons dans un Smartphone depuis dix ans. À l'époque, c'était pourtant une démonstration de puissance tout à fait d'avant-garde ! Ces calculateurs étaient le « back-office » des banques, des institutions publiques. Et, plus généralement, ces machines servaient à faire des calculs dans les métiers qui demandaient des traitements de données en grosse quantité. Ces grands traitements étaient réalisés dans une salle spécialisée avec des techniciens formés spécifiquement pour utiliser l'équipement, ainsi que le maintenir en condition opérationnelle. Cela a d'ailleurs contribué à créer énormément de nouveaux emplois à très forte valeur ajoutée.

Mais cela restait quelque chose de complètement secret. Quelque chose que le grand public ne voyait pas. L'employé lambda d'une entreprise ne connaissait pas tout ce qui se tramait derrière. Le terminal de l'ordinateur était basique au possible, avec des lignes vertes et une prise de commande avec laquelle on pouvait simplement faire un calcul, une « requête ». Seuls les spécialistes informatiques pouvaient organiser le travail de cet énorme calculateur. Au début, il ne s'agissait pas d'un service conçu pour le plus grand nombre.

Du mainframe aux ordinateurs connectés

À partir des années 1980, on a vu l'émergence d'une approche beaucoup plus démocratique et moderne de l'informatique. Avec IBM d'un côté, mais surtout Apple et Microsoft de l'autre qui commençaient à développer le concept de « personal computer », l'ordinateur individuel a débarqué dans notre vie. Nous le voyons maintenant représenté et raconté dans les films rappelant les épopées des grands gourous de l'époque ! Steve Jobs a même eu droit à deux films autour de son parcours. Il faut se rappeler de Bill Gates, qui a à la fois aidé IBM à développer son ordinateur avec le « operating système DOS » et ensuite Steve Jobs à développer un modèle à icônes pour le premier Macintosh d'Apple. C'était la première fois qu'on essayait de rendre le terminal facile à utiliser pour tous. Jusqu'alors, ce n'était rien d'autre qu'un outil très passif servant à donner un ordre à l'ordinateur et à en recevoir une réponse. Il fallait vraiment être un expert pointu pour comprendre comment l'utiliser.

L'idée du « personal computer », le « micro-ordinateur », était d'affirmer que ce dispositif pourrait devenir plus autonome, acquérir une capacité de calcul propre et, surtout, proposer une facilité d'interface grâce à laquelle chacun pourrait l'utiliser beaucoup plus facilement. L'interface avec des icônes a été la grande invention de Steve Jobs et de Bill Gates. L'aventure de ce dernier a commencé dans la cour d'Harvard.

S'il n'en est pas sorti diplômé, il y a eu l'idée de génie. Celle du concept de « licence ». Bill Gates a eu l'intuition de se focaliser sur la production de logiciels pour faire fonctionner les ordinateurs des grands constructeurs, comme IBM et Apple, en vendant son produit sous la forme d'une licence. Une avancée exemplaire. Avant, toute la valeur résidait dans le « hardware », avec juste quelques lignes de programmation pour faire tourner l'ordinateur. C'est Bill Gates qui a eu l'idée de faire du software un vrai produit en tant que tel, pour le vendre directement au plus grand nombre. Nous étions à la fin des années 1970. Au démarrage de la révolution du PC des années 1980.

Nous sommes entrés dans un monde avec une multiplication de dispositifs dans « toutes les maisons et tous les bureaux », comme disait Microsoft en évoquant sa vision du monde. L'informatique a commencé à se diffuser partout. Je rappelle qu'Internet n'existait pas au début. L'ordinateur était un objet déconnecté du reste de la planète, et pourtant déjà utile. On pouvait « produire des choses ». On pouvait lire, écrire, créer, jouer, mais on n'était pas connectés. C'est seulement à partir du moment où Internet a explosé dans les années 1990 que l'on a commencé à avoir des ordinateurs connectés tels que nous les connaissons aujourd'hui.

Au départ, la connexion via le câble téléphonique était très peu performante. Mais c'est bien là que la vraie révolution a démarré avec le lancement du premier étage de la fusée de la transformation du monde. On parvenait à atteindre potentiellement *des centaines de millions* de consommateurs, l'information n'était plus réservée aux élites. Grâce à Internet, il ne faut jamais l'oublier, aujourd'hui, dans n'importe quel pays développé ou en voie de développement, quiconque, juste avec un PC ou un simple Smartphone, peut suivre un MOOC, une formation en ligne à Harvard ou Stanford. Et être aussi préparé d'un point de vue philosophique, intellectuel ou technique, que quelqu'un étudiant dans une grande école en France. Cela a représenté véritablement une opportunité gigantesque à l'échelle mondiale, on en a parfois perdu de vue la portée sociale et économique. Voilà qu'émergeait un monde fait d'abondance d'informations. Un monde infiniment plus porteur pour toutes les populations de la planète tant son accès s'était démocratisé. C'était le début de la quatrième révolution industrielle, celle qui allait transformer toutes les industries du monde.

J'ai trouvé que cette explosion de diffusion, et donc de l'opportunité économique afférente grâce à la technologie, était une avancée vraiment spectaculaire. Lorsque j'étais jeune, si vous aviez la chance d'être issu d'une famille plutôt aisée, que vous étiez à la fin de vos études et que vous alliez vous atteler à votre thèse, vos parents pouvaient éventuellement vous acheter un ordinateur. Je parle de ma génération, celle de ceux qui ont 50 ans aujourd'hui. Mais pour la plupart des gens de mon âge, l'informatique était une technologie à laquelle on accédait lors d'une première activité professionnelle. Les entreprises ont transformé dans les années 1990 leurs bureaux en « open spaces » et acheté des PC pour leurs employés qui pouvaient travailler de façon efficace.

Des ordinateurs aux smartphones

La jeune génération actuelle est née avec un Smartphone dans la main. Les enfants d'aujourd'hui commencent à manipuler des dispositifs tactiles dès leur plus jeune âge. Ils possèdent leur premier Smartphone entre 9 et 12 ans, ou peu après. Ils ont à disposition des ordinateurs à la maison. Le monde dans sa totalité, avec tout ce que cela comporte de bien et de mal, nous y reviendrons, se trouve à la portée de leurs doigts.

Il faut reconnaître qu'une partie essentielle de cette démocratisation est arrivée grâce aux révolutions successives d'Apple. Une entreprise au succès jamais démenti avec sa (ré) invention du Smartphone avec le lancement de l'iPhone. C'est grâce à la firme à la pomme, qui a toujours vu loin, que nous avons tous entre les mains ce petit ordinateur au design parfait, avec autant d'applications aussi utiles qu'intuitives et faciles à utiliser. Cela a permis de rapprocher beaucoup de gens et de générations différentes de la technologie.

Dans le monde de l'entreprise cela existait déjà depuis vingt-cinq ans. Mais le fait que cela devienne aussi beau, aussi simple, aussi intuitif, a permis, d'abord avec Apple et ensuite avec les dispositifs Android, à *des milliards* de personnes de rentrer dans le monde numérique. C'est frappant chez les enfants, dont le temps d'utilisation devrait d'ailleurs être mieux maîtrisé. C'est aussi une réalité pour les personnes plus âgées, beaucoup plus à l'aise avec un Smartphone qu'avec un ordinateur.

Cela a également entraîné un phénomène totalement inattendu il y a seulement quinze ans. Le service digital proposé par les équipes informatiques d'une entreprise étant devenu, en seulement une décennie, obsolète par rapport à l'expérience, efficace et époustouflante, que nous avons en tant que consommateur équipé d'un Smartphone.

La vitesse de l'innovation

Nous avons assisté à une course permanente de tous les fournisseurs de service pour proposer des applications B2C et des solutions B2B de plus en plus ergonomiques et plaisantes à utiliser. Cela est vrai au sein de l'entreprise, et surtout pour les services des grands fournisseurs digitaux, qui ont accéléré de façon notable le niveau et le rythme de l'innovation. Je prends comme exemple, pour l'avoir suivi de l'intérieur, l'énorme transformation de Microsoft. Jusqu'à il y a dix ans, l'entreprise développait un produit avec des cycles de trois ans et avec des roadmaps (une vision stratégique d'évolution) à cinq ans. C'était l'horizon mental de l'organisation. Aujourd'hui, les produits arrivent avec une tout autre fréquence, un peu comme dans les applications d'un Smartphone justement. Les clouds fournis par tous les grands « hyperscalers » proposent de nouveaux services et de nouvelles fonctionnalités à un rythme désormais hebdomadaire !

La puissance de ces machines à innovation est impressionnante, j'y reviendrai plus tard. Vu la taille des business de chacun et les investissements nécessaires pour en maintenir la compétitivité, des nouvelles barrières à l'entrée sont en train d'être construites. Il deviendra toujours plus difficile de concurrencer ces géants dans le futur.

Pourquoi parle-t-on de révolution industrielle ?

En économie, nous parlons de « révolution industrielle » à partir du moment où un facteur de production *rentre dans la façon de produire* (c'est la condition nécessaire mais pas suffisante) les biens et/ou les services. Et qu'il *devient ensuite central pour l'orchestration des autres facteurs de production* (d'où le mot révolution) avec une transformation radicale de l'organisation du travail, et donc de la manière d'opérer. Cela est apparu pour la première fois au XIXe siècle avec la vapeur. Ensuite, au début du XXe siècle, avec l'arrivée de l'électricité puis, dans les années 1960, avec l'automatisation des processus de production. Et maintenant avec cette quatrième révolution liée au numérique.

Afin de bien expliquer la portée d'une révolution industrielle, j'aime citer l'exemple de l'électricité. Elle commence à être utilisée aux États-Unis en 1870 environ grâce à Thomas Edison. La productivité progresse alors puisque les machines, une fois reconçues avec la nouvelle source d'énergie qui remplace la vapeur, sont encore plus puissantes. Mais en réalité, jusqu'en 1915, c'est-à-dire quarante-cinq ans après, le modèle de production n'a pas changé. Si vous alliez visiter une usine en Angleterre ou aux États-Unis, vu du ciel il s'agissait toujours du même dispositif. Une machine au centre et des gens qui opèrent autour d'elle. Ensuite, pour simplifier le concept, on a conçu une machine identique, mais branchée sur l'électricité, sans changer le modèle et l'organisation du travail. La donne a changé quand, en 1915, un théoricien de la production industrielle, Frederick Taylor, et un grand constructeur automobile, Henry Ford, ont décidé que la nature de cette nouvelle forme d'énergie permettrait de reconcevoir non seulement les machines, mais finalement tout le système de production lui-même. Ils ont alors inventé la « ligne de production ». Cette fois-ci, en regardant l'usine d'en haut, on pouvait bien voir que l'organisation du travail avait changé, que la séquence de gestes était transformée, et que l'ensemble permettait une plus grande productivité. Et là, cela a été une révolution industrielle.

Il est frappant de regarder l'analyse de la productivité de la production industrielle entre 1850 et 1950. Nous y voyons clairement deux points d'inflexion significatifs sur la ligne. Un premier, intéressant mais plus faible, autour de 1870. Un deuxième, beaucoup plus accentué, en 1915 justement. Une démonstration absolue de l'impact d'une révolution industrielle, qui prend du temps et dont l'effet est maximal quand elle transforme l'organisation du travail.

Revenons aux technologies numériques. Tous les outils informatiques de cette première vague de digitalisation ont été, en quelque sorte, un accélérateur de productivité pour les personnes et les organisations. Avant, on tapait un document avec une machine à écrire. Maintenant, on le fait avec un ordinateur. Avant, on effectuait un calcul avec notre tête, une feuille de papier et un crayon. Maintenant, c'est avec Excel ou la calculette digitale d'un Smartphone. Un ensemble d'avancées permettant d'être plus rapide sur des tâches, mais qui n'a pas complètement transformé la façon de concevoir le travail. Si vous regardez une banque traditionnelle, comment fonctionne-t-elle ? Son fonctionnement a été augmenté par des applications, par des ordinateurs. Les ordinateurs centraux, les serveurs, les terminaux numériques ont rendu plus simples des milliers de tâches. En réalité, la plupart des processus sont encore les mêmes que dans les années 1960. On conçoit des produits, on soigne la relation avec les clients, on leur vend les produits en question. Et, c'est tout. Pour une majorité de cas, il faut se rendre dans une agence pour une demande de crédit ou une autorisation de découvert. Comme au temps de la banque de nos grands-parents.

Le digital a atteint une telle puissance et une telle présence, la donnée est devenue tellement prépondérante dans la création de valeur, qu'il est désormais possible de concevoir des modèles alternatifs tout à fait différents. Nous l'avons vu avec les bitcoins, et nous allons le voir dans le futur avec la dématérialisation des services financiers, la « Decentralized Finance » (DeFi) et les concepts de « peer to peer ». Ils permettront aux citoyens du monde d'utiliser des services digitaux d'une logistique plus efficace, d'un fonctionnement plus pertinent et plus personnalisé, utilisant une *marketplace* (une place de marché) de services financiers basés sur des *smart contracts* (des contrats intelligents), avec une technologie « blockchain » qui permet de stocker et de transmettre des informations de manière transparente, sécurisée et sans organe central de contrôle. En théorie, ces nouveaux modèles peuvent rendre complètement obsolète le concept même de banque et d'assurance, telles que nous les connaissons et les utilisons encore aujourd'hui. Car ils suppriment la nécessité d'une tierce partie garante d'une transaction. Ces organisations pourraient même bien ne plus exister d'ici vingt ans…

Ce n'est pas seulement vrai pour les services financiers, c'est d'ailleurs en ça que la quatrième révolution industrielle prend toute son ampleur. Pour la première fois de l'humanité, toutes les industries seront impactées, sans exception. « Data first ». Cela n'implique pas que tout va fonctionner sans des femmes et des hommes. Cela montre juste qu'avant, le système se composait de femmes, d'hommes, de capitaux et de machines. Puis, on a commencé à ajouter une touche d'informatique pour améliorer l'ensemble et le rendre plus productif. Il faut désormais concevoir un business model en comptant sur des femmes, des hommes… et des données. Et, bien sûr, des moyens financiers, des infrastructures dans certaines industries de produits et services « physiques ». Mais, dans tous les cas, les données sont un pilier. Ce n'est plus une informatique qui vient augmenter trois ou quatre autres facteurs de production, *c'est la technologie qui devient un facteur de production clé à part entière ; un pilier central qui nous oblige à reconcevoir l'ensemble de l'organisation du travail.*

Ce nouveau modèle, certains l'appellent une « économie de plateforme ». Un exemple classique, très parlant pour nous tous : le besoin d'aller d'un point A à un point B. Pendant plus d'une centaine d'années, l'industrie du transport a été basée sur le concept de concevoir, construire et commercialiser des véhicules. À l'achat, un véhicule est cher d'autant plus qu'il est utilisé moins de 10 % du temps. D'un point de vue à la fois économique et de développement durable, c'est un contresens. Puisque le coût d'achat est élevé, quand le transport par véhicule s'est généralisé, des modèles alternatifs sont nés, tout le monde ne pouvait pas se permettre de posséder sa propre voiture. Il y a eu l'invention de l'autobus, un véhicule proposé à plusieurs personnes sous la forme d'un service. L'émergence des taxis, des agences de locations, du « leasing », et de bien d'autres formes de services alternatifs à l'achat d'une automobile. Une configuration qui a constitué ce que nous avons connu ces dernières générations. Malgré des variations, il y a toujours eu un investissement sur des véhicules avec un taux d'utilisation et de remplissage plus ou moins élevé. Mais un véhicule, on doit toujours l'acheter, l'assurer, le garer ou le faire réparer. Un autre modèle a soudainement débarqué dans le circuit pour le révolutionner. Une entreprise américaine basée à San Francisco, Uber, s'est mise à réfléchir de façon complètement différente. En observant la disponibilité des véhicules et le besoin de transport des individus entre un point A et un point B, Uber en est arrivé à la conclusion qu'il était possible de traiter de façon complètement différente et dématérialisée la satisfaction de cette mobilité. Uber est une plateforme de données. Elle offre une proposition à quiconque devant se déplacer. Il suffit d'ouvrir une application sur son téléphone portable qui vous fournit un service de mobilité avec des véhicules haut de gamme que vous n'avez peut-être pas les moyens d'acheter. D'autres que vous les conduisent, d'autres que vous se chargent de les garer, d'en assurer la maintenance, avec un taux d'utilisation nettement plus élevé.

Tout part d'une analyse de données, et tout fonctionne ensuite grâce à l'utilisation de ces données. Les personnes cherchant à se déplacer se connectent à une application. La demande arrive sur une plateforme prenant en compte un parcours précis et chiffrant son prix. L'application sait où se trouve chaque véhicule. Elle met en lien toutes ces informations et arrive à trouver une connexion immédiate entre le fournisseur et l'utilisateur. Un petit miracle d'efficacité.

Nous pouvons même imaginer de reconcevoir l'ensemble du concept de mobilité en utilisant ce nouveau paradigme. Nous obtiendrons un monde qui n'aurait que des « services » et un parc automobile bien moindre, tout en gardant de la qualité (de la maintenance à l'engagement de résultat sur les temps de déplacements) et de la variété (de modèle, de prix, de valeur ajoutée). Ce système de mobilité va de fait se réaliser d'ici une grosse décennie, quand les technologies de « véhicule autonome » vont arriver à maturité. Il sera d'ailleurs potentiellement beaucoup plus respectueux de l'environnement.

Uber a eu la capacité de regarder le marché avec des yeux différents ou, si vous préférez, avec une paire de lunettes différente. Il s'agit bien d'une entreprise « plateforme » avec une immense force pour d'abord gérer la formulation des problèmes et ensuite leur traitement. Ils ont su matérialiser leur offre sous la forme d'une application qui est la même partout dans le monde. La valorisation en bourse du fabricant automobile Ford, avec ces cent vingt ans d'histoire, est de 60 milliards. S'il vous prenait l'envie de racheter Uber, créée il y a seulement douze ans, il vous faudrait débourser plus de

70 milliards de dollars. Voilà un exemple frappant de l'accélération dans la création de valeur économique.

Mon propos n'est pas de souligner une notion de classement entre des entreprises basé sur leur valeur ou leur capitalisation. Je ne dis pas qu'Uber est meilleur que Ford. D'ailleurs, les premiers ont un certain nombre de choses à résoudre dans leur gouvernance et la solidité de leur business model. Là où les deuxièmes sont très stables et tout aussi nécessaires : sans véhicules le business de plateforme « seul » ne pourrait pas fonctionner. Mon point de vue est différent, et c'est la question que je vous invite à vous poser. Ford a plus de 100 000 employés à travers le monde. Uber, moins de mille. Est-ce qu'une « externalité négative », aurait empêché Ford de trouver au sein de ses employés celles et ceux qui seraient suffisamment créatifs et passionnés pour trouver un business model alternatif à la seule production de véhicule ? Cela aurait permis à Ford de réaliser un chiffre d'affaires et un profit beaucoup plus important, mais ils n'y ont pas pensé, ou plutôt *ils n'ont pas laissé leurs employés y réfléchir.* Ils n'en ont pas eu l'audace ou ils n'étaient pas dans le bon timing pour laisser la place à un fourmillement de nouvelles idées. C'est probablement un mix de tout ça. Seule certitude, ils n'ont jamais pensé utiliser les lunettes de la data pour regarder le monde moderne… et par la même occasion doubler leur valeur en bourse.

Certains pourraient d'ailleurs rétorquer que le modèle d'Uber ou d'autres entreprises « plateforme » n'est pas (encore) si rentable que ça et qu'il n'est pas non plus parfois complètement éthique. Mais j'ai la profonde conviction que cela demande juste quelques années d'ajustements. Il faut du temps pour que chaque modèle arrive à un vrai niveau de maturité. Ces entreprises ont le problème inverse des industries dites traditionnelles. Renault, Stellantis, SNCF, ou Air France ont accumulé un incroyable niveau de connaissances. Elles ont optimisé des processus, peaufinés des métiers, se sont organisées et réorganisées de multiples fois. Cela leur a pris des décennies. Aujourd'hui, elles pâtissent d'un problème de manque de croissance et de transition de modèle économique et industriel dont le manque de vitesse va probablement les mettre en difficulté.

Les entreprises « plateformes » sont au début de leur cycle de croissance, et rencontrent d'autres problèmes. Leur infrastructure organisationnelle tremble, parfois, tant leur modèle de fonctionnement bouge vite. Mais la croissance est un problème plus facile à maîtriser qu'on ne le croit, les marges d'optimisation et de création de valeur ultérieure sont encore énormes. À un certain moment, ces entreprises mûrissent et commencent à revoir leur business à 360 degrés. Elles ne se concentrent plus uniquement sur la croissance mais aussi sur le bien-être des collaborateurs, l'inclusion, la diversité, la responsabilité sociale, l'impact sociétal. Et elles prennent aussi le temps de revoir, d'affiner leur business model, en trouvant, une fois encore grâce aux données, d'autres formes de création de valeur et de monétisation. Je ne suis inquiet ni sur le fait qu'elles seront des entreprises plus sages, ni qu'elles seront très performantes.

La force de ces entreprises, c'est bien d'avoir inventé un nouveau modèle. Finalement l'innovation, c'est réunir un groupe de personnes brillantes. Qu'elles soient 10 ou 1 000. Qu'elles soient au sein d'une start-up ou d'un groupe d'experts d'une entreprise établie. Et leur confier une mission très claire, avec un contexte temporel adéquat, leur permettant d'utiliser le digital et la force des données pour concevoir de nouveaux produits ou services avec le potentiel de créer de nouvelles formes de valeur économique. Personne n'empêche Ford d'inventer Uber. Personne n'empêche Marriott de développer un nouveau service parallèle comme Airbnb, ou Canal+ de devenir Netflix. La beauté de ce nouveau paradigme est que tout le monde peut entrer ou participer dans une industrie en créant de la valeur. *Les barrières à l'entrée sont finalement plus cognitives que financières.*

Prenons un autre exemple en revenant à Marriott. Présent sur le marché depuis des dizaines d'années, et très puissant dans son industrie, le groupe achète un immeuble, le restructure, en refait la décoration, embauche du personnel. La chaîne propose à ses clients une panoplie de services, met en œuvre un système de réservation, etc. Elle fait ensuite connaître cette infrastructure avec des moyens de marketing et de vente onéreux avant de pouvoir recevoir des clients dans l'un de ses hôtels. La vision de l'entreprise « plateforme » Airbnb est différente. Une personne A veut partir en vacances, elle a un besoin d'hébergement. La personne B, elle, possède une maison mais ne l'utilise pas pendant le mois de juillet où elle souhaite également prendre des vacances. La grande idée de Airbnb a consisté à les mettre en relation. Une équation économique gagnante pour les deux parties, qui ne se connaissent pas et entrent en contact via un tiers de confiance. Et les jeux sont faits, les deux parties satisfaites. Quel est leur secret? Airbnb ne possède rien, ce n'est qu'une plateforme. Aujourd'hui Airbnb vaut plus que Marriott en bourse et sert trois fois plus de voyageurs chaque années. Pourtant Marriott possède de magnifiques capacités de service, comme la restauration, les services de nettoyages, la conciergerie, et bien d'autres services que Airbnb ne maîtrise pas, et qui pourraient représenter un fort avantage compétitif. On pourrait trouver énormément d'exemples similaires dans des dizaines d'autres industries.

Netflix a révolutionné son business trois fois en passant d'abord de distributeur de DVD à une plateforme VOD. Jusqu'à devenir l'outil que nous connaissons. Un distributeur, mais aussi un producteur qui a su créer une nouvelle forme de proposition de contenu. Aujourd'hui nous voyons Apple, Amazon Prime et Netflix remporter les prix les plus prestigieux pour les films et les séries qu'ils produisent, face à des colosses historiques des médias qui commencent seulement maintenant à réagir, comme par exemple Disney, avec la belle réussite du lancement de la plateforme Disney+.

Je ne peux bien sûr pas terminer cette présentation sans citer Amazon. L'aventure de Jeff Bezos est déjà devenue légendaire. Comparons-la avec Walmart. Une entreprise de vente au détail qui a plus de cinquante ans d'histoire, opère principalement aux États-Unis avec plus de 400 000 employés et des stocks représentant des centaines de millions d'euros. Amazon est née d'une intuition géniale. Jeff Bezos apprend dans les journaux américains que ses concitoyens ne lisent pas beaucoup, et que les librairies traditionnelles sont en train de faire faillite les unes après les autres. Nous sommes au début d'Internet. Le trentenaire décide de concrétiser une idée: lancer une plateforme de vente de livres, à la fois physiques et numériques. Au début, sa femme et lui sont les seuls à croire en ce modèle. Leurs familles sont désespérées de ce choix, les investisseurs difficiles à trouver. Au bout de trois ans l'entreprise connaît pourtant une belle réussite, et devient un cas national puis international de succès d'envergure. Jeff Bezos passe à la vitesse supérieure en demandant alors à des entreprises de conseil de l'aider à concevoir une expansion d'Amazon vers d'autres produits. Après de multiples études de marché et d'analyses, tous les consultants affirment que la vente de livres en ligne est une niche absolue et qu'il n'y a pas d'autres possibilités pour étendre ce business model. Très frustré de leurs réponses, Jeff Bezos a alors une autre idée géniale: utiliser l'intelligence collective générée par les utilisateurs de la plateforme. Il demande tout simplement à ses clients internautes de lui dire « ce qu'ils seraient intéressés d'acheter sur Amazon ». Il lit toutes les réponses et découvre qu'ils sont littéralement « prêts à acheter tout et n'importe quoi » sur la plateforme. Cela devient sa nouvelle stratégie pour Amazon. Je me rappelle, pour l'avoir entendu et vu à quelques mètres de moi lors d'une conférence à Seattle, du sourire éclatant qu'il arborait. Je l'avoue, j'ai aussi trouvé ce sourire inquiétant, tant la puissance de cette incroyable machine qu'il tenait entre ses mains semblait inarrêtable.

Amazon a mis seulement quelques années pour avoir la même capitalisation boursière que Walmart avec dix fois moins de stock, puis a lancé Amazon Web Services. Vingt-cinq ans après, le résultat est simple et net : Amazon vaut dix fois plus que son concurrent. La plateforme a la capacité de concurrencer non seulement tous les revendeurs du monde, mais aussi pas mal d'autres entreprises, petites et grandes, dans de multiples industries – j'ai cité Prime Video dans le paragraphe précédent. Si Amazon souhaite rentrer dans une industrie verticale quelconque, en quelques années, elle est capable de faire aussi bien, et souvent mieux, que les concurrents ancestraux. Inutile de dupliquer cette histoire en évoquant la version chinoise d'Amazon, Alibaba, une autre plateforme de taille gigantesque. En seulement quinze ans, celle-ci est parvenue à rivaliser avec Amazon sur le e-commerce, sur le cloud, et s'implique également dans d'innombrables autres business.

La puissance du modèle « hyperscale »

Prenons le temps d'une pause dans la réflexion afin d'évoquer l'incroyable accumulation de données permettant à ces plateformes de créer des business redoutables d'efficacité, de rapidité, avec des capacités qui peuvent parfois apparaître monopolistiques. Pour l'illustrer, je vais prendre un exemple simple et parlant. Il y a déjà plus de quinze ans, Amazon a eu l'idée de mettre à disposition de ses clients son infrastructure avec le modèle du cloud. La firme a en effet remarqué que pour son business principal de e-commerce, elle avait construit une infrastructure d'une puissance extraordinaire. Elle était utilisée notamment lors des piques des « Black Fridays » et de la période de Noël, mais peu le reste de l'année. Amazon a alors compris que beaucoup d'autres entreprises rencontraient sûrement le même problème d'infrastructure achetée mais non complètement utilisée. Si elle pouvait alors construire une infrastructure mutualisable par beaucoup de clients, cela aurait certainement une réelle valeur, car l'élasticité et la flexibilité d'un tel modèle seraient une vraie solution à beaucoup de problèmes.

Le succès a été extraordinaire, et la création de Amazon Web Services est devenue un cas étudié dans les « business schools » du monde entier. Microsoft a beau être un des fournisseurs de technologie logicielle pour la création d'une telle infrastructure, la firme n'a pourtant pas eu cette idée. Amazon a bâti son cloud avec des technologies existantes, en construisant sur celles-ci les couches applicatives, très sophistiquées, qui sont nécessaires pour produire ce service.

Deux ans après la naissance de Amazon Web Services, une équipe d'ingénierie de Microsoft a présenté, lors d'une revue d'architecture interne, un projet inspiré du modèle Amazon Web Services qu'ils trouvaient franchement très intéressant. Avec l'objectif de résoudre un problème de qualité de service « interne » dans l'informatique que l'entreprise met à disposition de ses propres employés. En particulier pour les services SharePoint, pour ceux qui connaissent cette solution.

Le projet est arrivé entre les mains de Bill Gates. Ce dernier n'est pas une personne facile à convaincre en matière de technologie, et encore moins quand il participe à des revues internes sur les produits et leur conception. La réunion a eu des moments de tension, pour deux raisons. Bill Gates a d'abord lancé qu'il fallait être naïfs pour ne pas voir que le besoin était un besoin du marché, non un besoin interne. Il a poursuivi en expliquant que s'il fallait adopter ce modèle, c'était pour construire une offre concurrente à Amazon Web Services. Selon lui, il fallait reconcevoir totalement l'architecture, ne pas utiliser les mêmes « briques » disponibles sur le marché que celles qu'Amazon Web Services utilisait déjà. Il fallait reconcevoir le code et la solution pour qu'ils puissent un jour être supérieurs à ceux du concurrent. Cela a amené à la naissance d'Azure, une offre qui, aujourd'hui, est la deuxième solution la plus utilisée dans le monde derrière Amazon Web Services.

Microsoft a investi pendant quinze ans plusieurs dizaines de milliards dans la recherche et le développement pour arriver à ce succès. D'un point de vue fonctionnel, les deux offres se valent. La compétition est très intéressante à observer. Amazon Web Services est toujours en tête avec plus de 40 % de parts de marché et, désormais, une croissance plus faible. Microsoft a dépassé les 20 % de parts de marché et vise une croissance deux fois supérieure par rapport à son concurrent. Le point le plus intéressant, qui explique bien le monde « hyperscale », est le suivant. Malgré cet investissement gigantesque et quinze années de travail, quand on regarde factuellement la stabilité et le niveau de disponibilité de l'infrastructure, Amazon Web Services possède toujours un avantage compétitif et propose toujours une qualité de service plus élevée.

Quelles en sont les raisons ? Les deux ans d'avance au tout début. Les parts de marché immensément plus fortes conservées pendant ces quinze ans. Ce qui fait que le volume des infrastructures et de données gérées par Amazon Web Services est largement plus important par rapport à tous les autres fournisseurs. Dans un monde en croissance exponentielle, cela explique l'apparition des nouveaux problèmes liés au passage à l'échelle supérieure de ces technologies deux ou trois ans avant la concurrence. Problèmes également toujours résolus avec un temps d'avance.

Cela crée une nouvelle forme de barrière à l'entrée. *Dans un monde « hyperscale », l'entreprise qui démarre la première un nouveau modèle, et accumule de la connaissance ainsi que des données à l'échelle, se retrouve à avoir en permanence des synergies de volumes écrasantes.* Grâce au développement d'algorithmes intelligents, elle comprend la structure des modèles du business avant les autres. La bonne exploitation de ces données lui permet alors de continuer à améliorer significativement son offre : pour la rendre plus percutante, plus intelligente, plus rapide, plus personnalisée. Ceci lui permet de gagner des parts de marché, et donc encore des volumes de données qui lui permettent d'affiner davantage les algorithmes ainsi que la qualité de l'offre… Et ainsi de suite !

Ce mécanisme rend la tâche de ses concurrents extrêmement compliquée. S'ils ont la capacité financière de suivre et d'investir, ils risquent néanmoins de rester derrière pendant très longtemps. Le même exemple se vérifie avec Google et sa barre de recherche par rapport à son unique concurrent, Bing de Microsoft.

Il est fondamental de comprendre que, dans chaque domaine industriel, le même phénomène d' « hyperscale » va se traduire de manière similaire. Par une course à l'exploitation de la donnée pour radicalement transformer la façon de procéder et le portefeuille de produits et de services mis à disposition des clients. Dans chaque industrie, il y aura des gagnants et des perdants. *Ceux qui auront le plus vite compris l'importance de la donnée, accumulé de l'expérience, développé des solutions, résolu des problèmes et créé des volumes, auront tous les moyens de transformer leur entreprise de manière pérenne et de construire des avantages complétifs conséquents* vis-à-vis de leurs concurrents. Lesquels, eux, risquent de se faire complètement sortir du marché.

Quelles organisations seront les plus pertinentes pour résoudre les écarts d'efficacité ?

Il est nécessaire de se poser une question fondamentale. Ces derniers temps, nous entendons souvent parler d'un constat à la fois très intéressant et, quelque part, assez inquiétant. Dans les prochaines décennies, les mastodontes du digital auront plus de moyens, et plus de pouvoir, par rapport aux gouvernements, pour résoudre les grandes équations du monde. Ce constat n'est pas sans fondement. Nous venons de voir que l'accumulation de capacité computationnelle, et surtout de données, permet des moyens extraordinaires et difficilement rattrapables dans le court terme par d'autres organisations. Ces capacités offrent en effet la possibilité à ces colosses de résoudre, s'ils décident de le faire, de nouvelles équations mieux et plus rapidement que quiconque.

Prenons quelques exemples parlants. Pour ses activités de e-commerce, Amazon a besoin d'un service logistique de premier ordre. Une partie importante de sa promesse de valeur réside justement dans la qualité de service pour le consommateur. Alors au fil des années, Amazon s'est aussi retrouvée à devoir résoudre des problèmes de stock, de transport et de livraison parmi les plus complexes du monde. Pour ça, ils ont eu dans un premier temps recours aux compétences des grands experts de la logistique. Avant de s'apercevoir que leurs besoins étaient tellement spécifiques et tellement importants, qu'ils auraient été plus efficaces encore en développant eux-mêmes leurs propres capacités logistiques. Ce qu'ils ont fait.

Amazon est, aujourd'hui, la plus grande et la plus efficace plateforme logistique du monde. Elle possède la plus grande flotte d'avions pour les transports de biens et a développé des capacités qui dépassent celles des organisations dont la logistique est le métier. Cela n'empêche pour l'instant pas une saine compétition, et ne pose donc pas un problème. En théorie. Sauf si Amazon décidait de se lancer dans un business purement logistique. Dans ce cas-là, ils seraient en mesure de balayer les entreprises traditionnelles de leur propre marché.

Prenons un deuxième exemple avec l'industrie en pleine transformation de la mobilité. Chaque constructeur mondial se trouve aujourd'hui face à deux défis. La transition du moteur à combustion vers le moteur électrique d'une part, et les systèmes de conduite autonome de l'autre. Nous reviendrons ultérieurement sur le premier problème quand il s'agira d'approfondir les questions de politique industrielle et de la lutte contre le réchauffement climatique. Dans ce chapitre, nous allons regarder le deuxième élément, appelé « autonomous driving » en anglais. Actuellement, le « leader » de ce marché n'est pas un constructeur, mais Google qui a investi dans cette solution verticale il y a déjà huit ans. Probablement parce que le problème est complexe et demande énormément de ressources informatiques pour pouvoir résoudre les équations difficiles liées à la prise de décision du véhicule. Seul un cloud hyperpuissant, doté de capacités profondes en intelligence artificielle, pouvait espérer trouver les meilleures solutions. Alphabet, maison mère de Google, a donc créé une entreprise ad hoc, Waymo. Aujourd'hui, ils vendent cette solution aux constructeurs automobiles. Là aussi, voici un exemple d'un « hyperscaler » qui arrive à aller plus vite que toutes les entreprises d'un secteur vertical quand il décide d'investir le temps et les moyens pour le faire.

Dans les deux cas il n'y a pas forcément quelque chose de mal à ça. Au contraire. Amazon et Alphabet/Google ont réalisé de l'innovation utile qui va certainement améliorer, chacune dans son sujet, une industrie à la recherche de nouvelles solutions. Il n'y a rien d'illégal non plus, aucune règle du jeu empêche des entreprises du digital d'investir dans une industrie verticale pour ensuite revendre des produits aux clients de ladite industrie.

La question que je pose est plus générale. À force d'entreprendre des investissements qu'ils sont les seuls à pouvoir faire, les « hyperscalers » pourraient véritablement devenir incontournables dans chaque industrie verticale. Nous nous trouverions alors devant une situation d'oligopole mondial des « hyperscalers » qui tiendraient dans leurs mains les clés du fonctionnement du monde. Est-ce un monde souhaitable ? La question n'est ni simple ni évidente.

Certains pourraient en effet penser – à juste titre d'ailleurs – la chose suivante : si un géant du numérique est en mesure de résoudre plus vite que d'autres, et surtout plus vite que la constellation de gouvernements aujourd'hui en place, une équation comme celle du trafic, de la pollution, du réchauffement climatique ou de la santé personnalisée, ce serait une preuve d'efficacité. Et donc cela serait bénéfique à notre monde. Pourquoi alors s'en priver ? Difficile, factuellement, de dire qu'il n'y a pas une certaine vérité dans ce constat. Nous avons vu, par exemple, l'inefficacité de notre gouvernance actuelle quand il a été nécessaire de prendre les décisions qui s'imposaient pour respecter les engagements de la COP21 de 2015. Nous venons de constater avec la COP26 que la planète n'a pas encore pris la bonne direction. Il serait peut-être bon que deux ou trois « hyperscalers » trouvent la solution et l'imposent au monde. Si cela résout le problème de l'émission du CO_2, est-ce souhaitable ?

Personnellement, je pense que cette efficacité redoutable doit être mise au service de la résolution des grandes équations de la planète. Elle doit néanmoins être encadrée par des règles du jeu décidées par les nations dans lesquelles nous vivons, et non pas par les entreprises qui possèdent ces moyens. Et ça pour une raison toute simple de cohérence avec le concept de démocratie auquel je suis attaché. Nous nous retrouverions sinon dans un monde avec six ou sept géants hégémoniques, plus puissants que les gouvernements eux-mêmes. Géants possédant certes les moyens pour faire fonctionner le monde, mais aussi avec *une concentration du pouvoir qui deviendrait dangereuse pour le libre arbitre et pour assurer globalement que les décisions prises soient équilibrées et responsables.*

La construction d'un monde souhaitable

En ce moment historique de changement profond, nous avons l'impératif moral de résister au pessimisme que chaque révolution industrielle a produit dans notre histoire récente. En effet, chacune des révolutions précédentes a entraîné un mouvement antiprogrès avec une poussée réactionnaire poussant une partie significative de la population à se renfermer sur elle-même. Et sur un passé considéré comme meilleur et rassurant au regard d'un futur qui ferait peur.

Avec un peu de recul, nous savons aujourd'hui que, dans notre histoire, le progrès n'a jamais été créé avec l'apologie de la gloire du passé et du « monde d'avant ». Un tel type de rhétorique a pour danger d'ouvrir la voie au populisme le plus bas, et ce dernier n'apporte que du retard, de la tension et des divisions.

Dans un tel moment de changement profond, il faut justement retrouver l'élan optimiste de la création et de la construction. Nous avons l'opportunité de transformer le monde en améliorant la qualité de vie de tous les habitants de la planète. Un enjeu que je trouve passionnant, et historique. Nous pouvons qui plus est le faire en régulant au passage certains problèmes de fond du capitalisme dont nous avons hérité. Il n'est pas parfait. Il a produit des dysfonctionnements notables et des tensions géopolitiques, hélas sans fin. Parfois des guerres plus ou moins froides entre pays, comme nous venons de le constater, avec horreur, encore en cette année 2022. Notre civilisation n'a pas réussi à trouver les clés pour la résolution de beaucoup de formes d'inégalités, ni à trouver un accord responsable pour la bonne utilisation des ressources naturelles. Autant d'équations complexes à gérer.

En 2012, l'économiste anglaise Kate Raworth avait déjà bien expliqué les enjeux à venir dans un livre désormais célèbre, *La théorie du donut : l'économie de demain en sept principes*[2]. Notre société est complexe, il est nécessaire de comprendre ses interconnexions systémiques, expliquait-elle. Kate Raworth proposait une voie, étroite mais possible,

2. Kate Raworth, *La théorie du Donut. L'économie de demain en 7 principes* – Plon, 2018

entre deux cercles de bon sens à ne jamais franchir. Celui du renoncement de certaines parties de la population vis-à-vis des besoins fondamentaux et celui de la destruction des ressources de la planète. L'économiste recommandait de concilier l'individualisme créateur et la générosité du partage. Elle engageait les nations du monde à se réinventer avec deux principes en tête. Être distributives et non divisives, régénératives plutôt que dégénératives. Des centaines de pays ont déjà appliqué toute ou partie de cette théorie – et nombreux sont ceux qui l'ont fait après la première vague pandémique de 2020.

Nous devons saisir cette occasion. Comme dans le passé nos prédécesseurs ont su trouver dans l'innovation un moyen pour améliorer leurs vies, celles de leurs enfants et des générations à suivre.

Un monde souhaitable est selon moi un monde qui continuerait à être dessiné avec la participation engagée de tous, et notamment des jeunes, qui sont tellement nécessaires, et que nous devons réapprendre à motiver pour qu'ils participent davantage. En profitant correctement de l'innovation pour résoudre les grands problèmes de l'humanité. Avec un but clair : assurer un bien-être croissant et approprié pour l'ensemble de la population.

Un monde souhaitable est un monde qui arriverait à créer de la valeur économique avec une totale responsabilité sociale, sociétale et environnementale.

Un monde souhaitable est un monde qui se préoccuperait de la distribution de la valeur déjà au moment de sa création et non pas seulement a posteriori.

Un monde souhaitable permettrait à tous de se développer au cours de sa vie en donnant des chances comparables d'éducation et d'opportunités de parcours professionnels au plus grand nombre.

Un monde souhaitable veillerait à la bienveillance, au respect et à l'inclusion au sein du monde du travail, pour permettre à chaque individu de se sentir soi-même, intégré et épanoui.

Un monde souhaitable garantirait un équilibre parfait et responsable de l'utilisation des ressources afin de permettre à notre planète de garder son fonctionnement optimal et la préservation de toutes ses richesses dans le temps.

Un monde souhaitable serait en mesure de faire cohabiter des systèmes de valeurs différents, en garantissant l'épanouissement de ceux qui ont choisi un système, tout en permettant le respect des autres systèmes et des personnes qui en auraient adopté les codes.

Un monde souhaitable, concernant l'innovation technologique, devrait permettre à chacun de choisir ses produits et services avec une totale liberté tout en ayant une parfaite garantie de qualité, d'interopérabilité, de transparence, de sécurité, de conformité aux règles en vigueur et de réversibilité totale, simple et immédiate.

Un monde souhaitable permettrait à chaque organisation d'évoluer dans un cadre clair. D'une part en fonction de règles du marché aidant à récompenser la qualité et l'efficacité des producteurs de biens et services sur la base d'une totale transparence de leur offre. D'autre part avec un cadre équilibré et évolutif établissant les règles du jeu. Cadre mis à jour et « appliqué » par un état présent et bienveillant qui veillerait au respect de règles intelligentes et modernes, garantissant une concurrence loyale.

Les défis géopolitiques liés à la vitesse d'adoption des technologies

Terre d'innovation par excellence, la France est un pays formidable pour inventer le monde de demain. C'est ici que sont formés des ingénieurs de premier plan, ici que sont installés les meilleurs instituts de recherche et l'un des écosystèmes de start-up les plus prolifiques au monde. Ces dernières années, la France a su faire valoir ses atouts pour se hisser à l'avant-garde de la révolution numérique. En 2022, comme déjà l'année précédente, la délégation française était la 2e la plus présente au CES, le Consumer Electronics Show à Las Vegas, après celle des États-Unis. Le numérique représente plus de 5 % du PIB et pourrait s'accroître de centaines de milliards d'euros d'ici 2030. Selon Bloomberg, la France fait désormais partie des 10 pays les plus innovants au monde.

C'est une dynamique permettant de susciter de l'enthousiasme ainsi que de la fierté nationale.

Depuis quelques années la France affiche clairement son ambition de devenir une nation championne de l'intelligence artificielle, comme l'affirmait le président Emmanuel Macron dans un discours en mars 2018. Je suis enthousiaste à cette idée et convaincu du succès de ce projet.

Cinq réalités sont cependant incontournables à mes yeux et constituent des conditions pour le développement d'une intelligence artificielle française efficace et de confiance.

L'IA va avoir un impact sur toutes les activités humaines dans les années à venir. Elle s'intégrera dans notre quotidien comme dans notre vie professionnelle, modifiera nos interactions avec nos marques préférées et enrichira les relations humaines à la maison, au bureau, à tout moment et partout. Quatre secteurs ont été identifiés comme prioritaires dans le rapport Villani : énergie, santé, transport et sécurité. J'ajouterais le secteur agroalimentaire, atout majeur de la France.

Le succès de la transformation numérique d'une nation reposera sur sa rapidité d'adoption du changement. Si les cycles des précédentes révolutions industrielles se sont établis sur plusieurs décennies, c'est en années que se compteront les cycles d'innovation à l'ère de l'IA. Les entreprises ont désormais la responsabilité d'en anticiper l'influence sur leur marché et d'en accélérer le rythme. D'ici seulement dix ans, l'économie aura changé radicalement : les nations et les entreprises qui gagneront seront celles qui auront su saisir l'opportunité de l'IA et sauront en tirer un avantage compétitif.

L'émergence d'un modèle associant actifs existants et data est en train de mettre fin à l'opposition entre ancienne et nouvelle économie, industries et plateformes. Au cours des dix dernières années, l'essentiel de la valeur créée pour les actionnaires était lié à l'exploitation de la donnée, parfois dans l'oubli des actifs physiques. Or, le monde est devenu hybride, façonné à la fois par l'IA et l'Internet des objets. La création de valeur se fera donc de plus en plus à la croisée de ces deux univers, que certains appellent le « phygital », contraction entre physique et digital.

L'intelligence artificielle est un outil très puissant impliquant de nouvelles responsabilités. La technologie devance la loi, nous devons être conscients que la réglementation aura souvent quelques années de retard sur le développement du numérique. L'éthique est un sujet grandissant pour les géants de la technologie, mais aussi pour toutes les entreprises qui se transforment avec le numérique.

L'éducation est cruciale pour une nation qui veut saisir les opportunités offertes par l'IA. Cela implique un changement profond. Les métiers qu'exerceront à l'âge adulte les deux tiers des enfants de primaire n'existent pas encore. Nous avons la responsabilité d'imaginer une nouvelle approche pour tous, et non pas seulement dédiée à une élite. Une approche orientée vers l'avenir, dans une logique d'apprentissage continu.

Nous aurons besoin de docteurs en sciences et de « data scientists », de spécialistes des statistiques, de l'information et du marketing. Nous aurons aussi besoin de transformer le cursus éducatif de l'ensemble de la population. Il est vital d'enrichir les compétences numériques de chacun. Dès le plus jeune âge et tout au long de la vie, que l'on soit actif ou non, avec le soutien croisé de plateformes publiques et privées, afin d'offrir à tous les meilleures chances de réussite.

Faire de l'europe le fer de lance de l'innovation pour un monde souhaitable

Pendant deux siècles, en traversant trois révolutions industrielles – celles de la vapeur, de l'électricité et de l'automatisation des processus –, l'Europe était en pole position. Elle faisait la course en tête dans la fabrication et commercialisation de produits physiques, qui constituaient le cœur de l'économie mondiale. En ce début de XXIe siècle, l'Europe se découvre dépassée. Les modèles de business reposent de moins en moins sur la transformation de matières premières ou sur la production de produits physiques, et de plus en plus sur « *l'économie de l'immatériel* ». La capacité à innover, le design, la production d'idées et de propriété intellectuelles et, bien sûr, l'émergence foudroyante des intelligences numériques extraites des données. À ce jour, *il faut bien avouer que notre*

Europe n'a pas su embrasser cette nouvelle révolution industrielle avec l'engagement et la rapidité nécessaires.

Ces dernières années, la France a été frappée par d'extrêmes tensions sociales. Nous ressentons tous que cela est dû à une fracture croissante entre la confiance des uns et la défiance des autres, et des visions d'avenir résolument divergentes. Le rythme de transformation économique et sociale de notre société augmente certainement la sensation de marginalisation de certaines parties de la population. Les évolutions de la technologie constituant l'un des principaux leviers de cette transformation, je considère que nous avons le devoir d'aider les Français et les Européens à imaginer le monde de demain. Un monde à la fois inclusif et synonyme d'épanouissement pour tous.

Les États-Unis, pionniers de l'innovation technologique, connaissent quant à eux une étonnante croissance, mais creusent en même temps le plus grand niveau d'inégalités de leur histoire. De son côté, l'Asie carbure au productivisme sans affronter les grands enjeux d'avenir de notre planète : une croissance éthique, de bien-être universel, de respect des droits des citoyens et de l'environnement.

Je suis Italien. J'ai travaillé en France, en Italie, en Espagne et j'ai également couvert à plusieurs reprises l'ensemble du territoire européen. Je désire que l'Europe retrouve sa superbe. Je ne suis ni orgueilleux ni chauvin. Je suis juste intimement convaincu que nous avons une responsabilité :

celle de maîtriser les nouvelles technologies afin de créer des services, respectueux de l'éthique et ouvrant le champ des possibles pour notre planète et notre « vivre ensemble ».

L'Union Européenne représente une opportunité puissante d'offrir de la prospérité à 450 millions de citoyens d'une très grande diversité, pétris de valeurs puissantes. Forte d'un équilibre socio-économique sans précédent, l'Europe est aussi un projet ambitieux et complexe qu'il faut continuer de faire grandir. Nous devons inventer nos propres modèles de croissance et les proposer au monde. Notre économie et notre politique doivent servir à cela. Nous sommes au milieu d'une nouvelle transformation qui s'appelle l'intelligence artificielle. Profitons-en et assurons-nous que le chemin soit vertueux.

Dans la tradition des Lumières, nos entreprises et institutions ont toujours réussi à se différencier à travers une conception bien précise de la responsabilité et une volonté de définir les règles du jeu et les standards souhaitables pour chaque individu. Le RGPD (Règlement Général sur la Protection des Données) en est le parfait exemple et connaît un large écho à travers le monde. Certains pays ou États américains réfléchissent, en ce moment même, à l'adopter. Il ne s'agit pas de créer uniquement des standards pour la protection des citoyens. Mais bien d'imaginer également des politiques industrielles. De financer des filières de recherche et de concevoir le développement d'écosystèmes, afin de créer les nouveaux standards pour l'expansion de notre influence économique dans le monde. Il ne tient donc qu'à nous de raisonner autour des innovations « possibles » pour un monde souhaitable – un monde tel qu'on le conçoit – et de faire en sorte que le tissu industriel de nos pays soit en mesure de relever le défi.

Nous avons une mission : faire de l'Europe le cœur mondial d'une innovation transparente et respectueuse de l'éthique, des droits et libertés de chacun, de l'environnement, afin d'évoluer dans ce nouveau monde que nous souhaitons tous voir naître.

Vous êtes probablement en train de penser : « vous prônez le retour au premier plan de l'Europe mais IBM et Microsoft sont des entreprises américaines, pas européennes ! » C'est vrai. Mais le développement de l'économie d'une nation ne peut pas se faire sans utiliser le meilleur que la technologie peut offrir. À condition, bien sûr, de le faire avec intelligence et maîtrise. J'ajouterais qu'il faut bien étudier l'offre existante pour différencier, parmi tous les fournisseurs potentiels, ceux qui s'efforcent de produire des modèles de business respectueux de valeurs fortes, par rapport à d'autres, qui viennent proposer leurs innovations en opposition ou conflit avec celles des entreprises européennes.

Technologie et innovation doivent selon moi impérativement être au service de ceux qui inventent les nouveaux standards. Pour une meilleure alimentation, une meilleure santé, une meilleure mobilité, et ainsi de suite. Il est tout à fait urgent de permettre aux innovations les plus porteuses de sens pour la France, l'Europe et le monde, de trouver leur place.

Un exemple : il est souhaitable qu'une intelligence artificielle puisse récolter des données sur votre santé, non afin de les revendre à des fins publicitaires, mais pour vous recommander quelle meilleure alimentation permettrait d'allonger votre espérance de vie. Cela va révolutionner toute la chaîne de valeur, du champ à l'assiette, et nous permettre de vivre plus longtemps et en meilleure santé. Ce qui peut difficilement être contesté comme forme de progrès ! Ce que je ne trouve pas souhaitable, c'est d'avoir un fournisseur de technologie qui, en récoltant les données d'un consommateur, probablement à son insu, développe ensuite un service complet en devenant concurrent des acteurs locaux de santé ou de production alimentaire. Je pense qu'il faut maîtriser ces grosses industries, et faire en sorte que ces entreprises locales de la santé et de l'alimentaire réalisent leur propre révolution, vite et bien, pour qu'elles puissent réinventer efficacement leur modèle d'activités grâce à ce que la technologie rend possible.

Il devient urgent de favoriser le développement de systèmes de coopération complexes afin de fluidifier les relations entre le médecin, l'agriculteur, le producteur et le distributeur. Et d'offrir aux consommateurs une alimentation, non seulement saine, mais également bonne pour la santé. Avec, bien sûr, l'indispensable lutte contre le réchauffement climatique comme présupposé à toute innovation.

Plateformes et écosystèmes sont deux concepts clés dans chaque industrie. Cette logique prend parti de la nouvelle donne technologique pour créer rapidement des nouvelles solutions portant beaucoup de valeurs. Ce qui permettra aux citoyens, aux entreprises et aux gouvernements de faire mieux. De faire mieux ensemble.

J'ai déjà pu observer plusieurs dynamiques de marché « platform to platform » ayant le potentiel de permettre à des acteurs de s'unir et de mieux servir citoyens et consommateurs. Je prends cette fois l'exemple des transports. Il serait bon de connecter les plateformes de données des grands constructeurs et des grands opérateurs de service pour une meilleure expérience de la mobilité au service de tous. Là aussi, il faut que la technologie soit un moyen mis à disposition d'un écosystème d'entreprises locales. Je ne trouve pas souhaitable qu'un fournisseur de technologie cloud devienne lui-même opérateur de service à la place de l'un de ces acteurs auprès de l'usager final. Ainsi, des groupes automobiles comme Renault, Stellantis, BMW, Volkswagen, pourraient *et devraient* eux-mêmes construire des plateformes pour gérer des véhicules connectés, intelligents et, peut-être un jour, autonomes. En restant maîtres de leur business model, avec des données qui sont et qui demeurent les leurs.

Il est aussi essentiel d'utiliser la technologie pour qu'elle serve d'élément catalyseur d'innovation pour de nouvelles filières productives. En jouant les traits d'union entre start-up, grands groupes, PME ou ETI d'une même industrie ou d'industries contiguës, en libérant un potentiel créatif et de croissance au service de l'intérêt général. C'est toute la force des logiques écosystémiques que je souhaite voir s'appliquer au niveau européen pour encore plus d'impact.

Il y a urgence à nous mobiliser collectivement pour faire de l'Europe le fer de lance de l'innovation pour un monde souhaitable. J'en appelle à toutes les entreprises françaises, italiennes, et européennes : unissons nos forces pour donner à la révolution numérique que nous sommes en train de vivre le sens qu'elle mérite. Dans ces transformations majeures, qui peuvent être vécues comme des vagues de menaces, c'est à nous de faire comprendre à chaque citoyen qu'il y a une place pour tout le monde dès aujourd'hui, et qu'il y en aura tout autant pour les générations futures.

Les technologies numériques ont été utilisées pour l'instant afin de moderniser les processus existants, mais la véritable innovation provient d'une approche plus fondamentale mais aussi potentiellement perturbatrice : la réinvention complète d'une industrie.

Depuis des décennies, la technologie est le premier levier de transformation pour les entreprises modernes désireuses d'améliorer leur efficacité, d'optimiser leurs processus ou d'automatiser des tâches lourdes et répétitives. Ce phénomène s'est accéléré au cours des dix dernières années où les « données » sont devenues si essentielles à la création de valeur économique, avec une impressionnante transformation de tous les éléments de la chaîne de valeur et dans chaque industrie.

Les plateformes de données sont essentielles à la croissance des activités industrielles et commerciales au niveau de la planète tout entière, et de plus en plus d'entreprises purement numériques ont rejoint le top 10 de la capitalisation boursière mondiale. Aujourd'hui, huit sur dix sont dans l'industrie de la technologie.

Le succès de l'écosystème des start-up dans plusieurs pays a constamment démontré comment de nouvelles façons d'aborder le marché peuvent modifier considérablement la répartition des bénéfices d'une industrie. En regardant les besoins des clients avec les yeux d'un nouveau venu, et en tirant parti des actifs numériques, une petite équipe peut créer une valeur qui surperforme la capitalisation des grandes organisations en quelques années seulement. C'est vrai dans tous les secteurs. Uber, Airbnb, Netflix ou Amazon, dont nous avons parlé dans les chapitres précédents, ne sont que quelques exemples très visibles de cette accélération numérique au cours de la dernière décennie.

Alors que la technologie devient de plus en plus fondamentale avec l'intelligence artificielle, la réalité mixte ou l'Internet des objets, chaque entreprise devrait repenser radicalement son approche de l'innovation. Jusqu'à il y a quelques années, la « transformation digitale » a été appliquée à l'optimisation de processus uniques. En essayant d'enrichir, de modifier, d'affiner les activités humaines qui y sont impliquées, avec un objectif d'efficacité, mais souvent sans changer la portée de ces activités. Il est certain que cet élan s'est accéléré au fil des ans, car l'appétit moyen des organisations du monde entier pour la technologie a augmenté. Mais avec la vitesse de l'évolution technologique, ce modèle sera bientôt obsolète.

Une part très importante du PIB de chaque pays est créée par des entreprises nées au siècle dernier. Celles-ci opèrent généralement avec une approche très traditionnelle et linéaire de la « chaîne de valeur ». En général, elles optimisent environ deux ou trois processus principaux en chargeant les autres équipes de soutenir ces activités « de base ». Les modèles du chercheur et professeur Michael Porter sont toujours à la pointe de l'approche en matière de stratégie organisationnelle. Dans une entreprise de biens de consommation traditionnelle, par exemple, l'accent serait mis sur la conception de produits, la fabrication, le marketing/publicité et la vente au détail. Toutes les autres fonctions seraient considérées comme moins importantes et appuieraient les processus de base.

La plupart du temps, même parmi les processus de base, certains sont considérés comme plus nobles que d'autres et reçoivent plus de ressources. Ces fonctions sont clairement perçues comme « l'endroit où il faut être ». La hiérarchie dans ces entreprises est relativement élevée. Les processus de prise de décision sont structurés mais lents et contraignants. La mentalité générale de la structure est basée sur des activités de « commandement et de contrôle », souvent la bureaucratie surpasse le leadership individuel. L'attention portée au monde physique dépasse largement celle portée au monde numérique. Les employés sont généralement fiers du « produit » plus que du reste de l'entreprise. Sans vraiment percevoir l'expérience de bout en bout de leurs clients avec leur produit et leur entreprise.

Pour ce qui concerne l'exécution, la plus grande attention est accordée au processus de vente. En général, lorsque la performance est plus faible, toute l'innovation se concentre sur la restructuration des équipes de vente afin d'augmenter l'efficacité. Le commerce électronique vient s'ajouter comme un complément aux canaux de vente au détail traditionnels et, lorsque les deux sont bien synchronisés, il est déjà considéré comme un succès. La plupart du temps, la mission de l'entreprise est la même depuis des décennies. De plus, dans une grande majorité des situations, personne n'a prêté attention à la « culture » de l'organisation, laissant l'histoire de l'entreprise prévaloir sur les besoins actuels de la structure.

Si nous regardons comment fonctionnent les entreprises nées au cours des trois dernières décennies – pensons à Google, Amazon, Netflix, par exemple –, nous voyons une approche radicalement différente. La mission de l'entreprise est très claire et fraîche dans l'esprit de chaque employé. Cette culture est clairement définie et façonne les comportements. Plus important encore, tous les employés ont le sentiment qu'ils contribuent à la façonner chaque jour et que leur contribution est hautement valorisée. La hiérarchie est moins importante, tous les éléments constitutifs de l'entreprise ont un statut aussi important. Les processus de prise de décision sont simples et efficaces. Ils englobent un plus grand niveau d'autonomisation. Les employés se sentent plus responsables des tâches, mais surtout *des résultats* de leur travail.

L'objectif principal est l'attention portée de bout en bout au client – ce que l'on appelle « l'expérience client » – par une marque ou une enseigne. Que le client se connecte sur un site Internet ou qu'il se rende dans une boutique. Cela tient compte de l'efficacité de l'offre jusqu'à son packaging et aux interactions avec les forces de ventes. Cette logique « de bout en bout » devient finalement plus importante que le produit lui-même. Le numérique et le physique sont deux éléments pertinents et complémentaires, mais le numérique arrive désormais en tête grâce à l'efficacité de sa proposition au client. Le monde physique est devenu un bonus. Il demeure un moyen de matérialiser l'expérience liée à une marque ou un produit, de lui donner une dimension plus incarnée et de permettre, peut-être, un achat.

Le moteur de chaque décision et de chaque optimisation de l'entreprise est la « donnée ». Les informations l'aident à connaître le client, ses habitudes et ses envies. La plateforme numérique est au centre même de l'opération, elle permet de mieux servir le client. La technologie est au cœur du processus, non pas une fonction de soutien.

Les entreprises traditionnelles disposent d'un nombre incroyable d'actifs qu'elles peuvent exploiter pour inventer de nouveaux produits et services. Elles peuvent certainement s'adapter à un monde « axé sur l'expérience » et le « phygital d'abord ». Pour y arriver, *elles doivent faire évoluer leur concept de transformation, devenir plus humbles et ressentir un sentiment d'urgence plus élevé pour une transformation plus profonde.* Nous avons souvent observé de grandes entreprises inventer des changements spectaculaires seulement après un échec épique, comme cela est arrivé à Kodak ou Nokia par exemple. Avec le rythme de l'innovation, le nombre de défaillances des entreprises en place ne fera qu'augmenter si elles ne sont pas capables de complètement réinventer leurs propres business model.

La méthode qu'elles peuvent utiliser est double. D'une part, elles devraient penser au marché qu'elles servent avec les yeux d'un nouvel entrant, en utilisant la technologie comme un atout pour créer de nouvelles expériences. De l'autre, elles seraient bien avisées d'observer leurs actifs existants couplés aux données disponibles existantes et futures pour déterminer si ces actifs cumulés peuvent servir de nouveaux marchés et être monétisés différemment. Se comporter comme une start-up peut libérer de l'énergie et faire en sorte que les employés imaginent de nouveaux modèles d'affaires étonnants. Pour ça, les entreprises doivent repenser leur stratégie et opérer un changement culturel. *Il faut adopter un comportement d'innovateur numérique et responsabiliser les équipes avec une mentalité de croissance basée sur la prise de risque, l'apprentissage, la collaboration et la création de valeur.*

De 1950 à 2015, seule une entreprise sur dix du classement « Fortune 500 » (les 500 premières entreprises américaines selon l'importance de leur chiffre d'affaires) a été capable de maintenir son statut. Les neuf autres ont disparu du classement : soit elles ont diminué leur chiffre d'affaires, soit elles ont fait faillite, ou ont été rachetées par un concurrent. C'est ce que j'appellerais le « résultat darwinien de la concurrence sur le marché ». Il est certain que la vitesse de transformation est plus élevée aujourd'hui avec la révolution industrielle de l'IA qu'elle ne l'était au siècle dernier avec l'automatisation et la première vague de technologies de l'information. Par conséquent les ratios de « un à dix » se produiront certainement beaucoup plus rapidement au cours des prochaines décennies. Cela devrait être un appel à l'action très fort pour tous les PDG. Les entreprises désireuses de maintenir leur succès et de continuer à créer une valeur économique significative vont devoir repenser leur façon de fonctionner et commencer à tirer pleinement parti des nouvelles technologies.

Les différents modèles de capitalisme

L'année 2015 a été l'année clé pour la révolution industrielle de l'intelligence numérique. L'informatique est présente depuis les années 1960 dans les grandes institutions. Pendant plus de cinquante ans, cela a produit des avancés remarquables, de la productivité individuelle et collective accrue, de l'automatisation de processus étendue. Mais cela n'avait pas encore radicalement changé la forme traditionnelle de l'organisation du travail. La prolifération des données due à la numérisation des processus de l'entreprise mais surtout à l'utilisation massive d'appareils connectés, a créé au cours des dernières décennies une telle quantité de données, que les technologies dites de « Machine learning » et « Deep learning » qui permettent l'extraction d'algorithmes d'intelligence artificielle à partir des informations disponibles, sont arrivées finalement à un degré de maturtié pour leur utilisation industrielle. Depuis 2015, nous vivons une décennie où, en moyenne, les données que nous produisons en une seule année dupliquent la quantité totale des données disponibles dans le monde. Cela permet d'augmenter la finesse des machines numériques, qui réussissent à extraire toujours mieux la quintessence de ces données pour restituer un service contextualisé, personnalisé, utile, toujours plus efficace.

La façon de produire les biens et services dans les vingt prochaines années sera complètement reconçue en considérant les données et les algorithmes comme le facteur principal d'une opération. Et cela dans toutes les industries, des services financiers à l'agriculture en passant par l'assurance, la mobilité urbaine, l'énergie... Jamais une révolution industrielle précédente n'aura impacté aussi vite et aussi fortement toutes les industries.

Il y a un facteur caractéristique de la donnée essentiel à comprendre. Je fais référence à une étude commandée il y a quelques années par Microsoft qui m'a marquée. Celle-ci évaluait l'utilisation des données au sein d'une entreprise, sur les aspects aussi bien qualitatifs que quantitatifs, et ce à travers toutes les industries et tous les pays. Elle se penchait sur des centaines d'entreprises de taille moyenne, réalisant entre 1 et 3 milliards de chiffre d'affaire. Cette étude avait distingué quatre groupes : les meilleures entreprises, celles qui les talonnent, celles qui se battent pour rester dans le peloton et celles qui sont derrière. Deux choses sautaient aux yeux entre les premiers et les derniers. D'abord, la vraie différence dans la performance économique des différents groupes. Les « leaders » réalisaient plus de croissance du chiffre d'affaire et plus de croissance de la profitabilité de façon statistiquement significative. La seconde, à mon sens, était plus profonde et plus frappante. La quantité de données manipulées chaque jour par le groupe des « leaders », indépendamment de l'industrie, était 42 fois plus importante par rapport à celles des entreprises du 4e groupe. Les pionniers géraient au quotidien quarante fois plus de données que leurs concurrents dans le même secteur d'activité. *Cela laisse présager de la constitution de vrais facteurs de différentiation qui, années après années, vont se traduire par des barrières infranchissables.*

C'est bien là le concept clé que je voudrais transmettre dans ces pages. Deux puissances mondiales ont déjà compris et maîtrisé la nouvelle révolution industrielle. Les États-Unis et la Chine ont pris conscience de l'importance de la donnée. Ils possèdent des entreprises « hyperscalers » et produisent sans cesse de l'innovation efficace qu'ils exportent dans les autres continents.

Les Européens, et avec eux tous les autres pays du monde, sont pour l'instant à la traîne. Nous avons vu dans les chapitres précédents que, dans l'« économie de plateforme », un avantage de seulement deux ou trois ans risque de poser des barrières difficilement pénétrables. Nous sommes face à une menace forte, et déjà en marche, du renforcement de l'hégémonie économique sino-américaine avec la conséquence d'une marginalisation économique de tous les autres pays.

Les comportements des dirigeants européens

Quand je regarde la manière d'opérer des dirigeants d'entreprises en Europe, cela me semble intellectuellement puissant, articulé et élaboré, avec un appétit pour le digital relativement important. Mais je sens un manque de rapidité et de voracité dans l'action, dans le passage à l'acte. On regarde, on pèse on sous-pèse, on analyse, on se pose des questions. À côté, les autres, eux, *font*. Ils se sont trompés, ils ont recommencé et ils ont avancé ! Une manière de fonctionner nettement plus pragmatique à mon humble avis.

Une anecdote amusante me revient en tête. Il y a quelques années, j'étais en réunion avec des collègues « country managers » de pays européens. Nous étions en train d'analyser, lors d'une discussion informelle, le retard de certain pays méditerranéens sur l'adoption des technologies cloud. De là est née une discussion plus large avec les managers des autres pays. En l'écoutant, un collègue de l'Europe du Nord, nous a interpellés d'une façon assez inattendue: «J'ai beaucoup d'empathie pour vous, car j'ai eu des rôles européens et j'ai vu en effet la différence de mentalités entre les pays de l'Europe du nord et les pays de l'Europe du sud. Je vous livre un exemple de comportement dans mon pays sur la base d'un événement qui a eu lieu il y a moins d'un mois. Notre collègue au Royaume-Uni, a publié un article sur LinkedIn où elle évoquait sa satisfaction concernant une solution que Microsoft allait développer avec un grand client britannique de la distribution. L'article détaillait le processus, l'utilisation de l'intelligence artificielle pour transformer les processus métier du client. Le jour même, j'ai reçu deux coups de téléphone. Deux PDG de distributeurs locaux m'ont appelé. L'un pour me faire part de sa surprise de voir que cette solution ne lui avait pas été présentée et qu'il voulait en savoir plus. L'autre pour m'engueuler car Microsoft allait réaliser ça avec un de ses concurrents. Il me donnait une semaine pour définir avec mon équipe ce que Microsoft pouvait lui proposer d'encore plus impactant. Je comprends donc que votre métier est plus difficile que le mien.» Cette conversation a eu lieu sous l'œil bienveillant et quelque peu amusé de notre patron de l'époque, Michel. Un coach extraordinaire et un vrai leader qui a réussi à créer de la solidarité, de l'émulation et du partage afin que nous puissions nous exprimer, collaborer et avancer dans nos activités professionnelles et avec nos clients. Il a certainement dû lui aussi avoir de l'empathie pour nous tous en se rappelant ce qu'il avait vécu en Chine quelques années auparavant... En effet, dans nos pays méditerranéens, nous n'avons jamais reçu d'appels de clients affamés d'innovation. Je peux vous l'affirmer pour ce qui concerne la France et l'Italie. Nous avons fait notre métier de façon traditionnelle, nous avons organisé des réunions, expliqué la puissance de la technologie, invité à la réflexion, puis à l'action, parfois à l'accélération. Sans jamais susciter d'appels. Ni des entreprises privées, grandes et petites, ni des gouvernements et des administrations publiques nationales et locales. Silence radio.

Un client italien va accepter la discussion avec intérêt, mais aussi avec un peu de scepticisme. Il dira probablement que, pour l'instant il ne s'est pas posé la question, que c'est d'ailleurs très bien qu'un confrère britannique essaye quelque chose d'innovant et que, « quand ça va marcher » nous aurons l'occasion d'en reparler. Cela prendra deux ans, nous arriverons à le convaincre de faire quelque chose de similaire, mais nous aurons accumulé du retard et l'ampleur du résultat ne sera pas le même. La bonne nouvelle est que ce travail paye sur la durée. Car le client finira par reconnaître le travail de fond. Il fera plus confiance et, au fur et à mesure, une relation d'innovation permanente pourra être mise en place. Ce ne sera pas d'une vitesse fulgurante mais, à défaut d'être une stratégie d'innovation de pointe, ce sera au moins un processus de transformation pragmatique.

Un client français va réagir différemment. Il sera un peu piqué dans son orgueil. Il nous dira probablement que son entreprise a déjà réalisé des pilotes (« proof of concept » en anglais) dans telle ou telle division ou telle et telle ville, et qu'il sait donc exactement ce que son confrère britannique est en train de faire. Il va poser plein de questions pour comprendre la profondeur de l'innovation dont nous parlons, avant de se rendre finalement compte que c'est effectivement un travail d'une autre ampleur. Ensuite, il conclura que cela demande une analyse attentive. Là commence le temps de la « réflexion » qui, hélas, est certes articulé et profond, mais long et parfois même interminable. Il se poursuit avec un appel d'offres, (RFP, pour « request for proposal »), qui fait perdre au moins un an quand il est efficace, et parfois deux. Entre-temps, le monde a changé et les clients anglo-saxons ont déjà basculé dans une nouvelle phase d'innovation.

Je généralise bien sûr, mes merveilleux clients italiens et français ne m'en voudront certainement pas pour ma franchise. Évidemment, il y a des exceptions à toute règle. Nous avons pu concevoir et réaliser avec eux des projets magnifiques. Mais je peux vous garantir que cela est néanmoins le comportement de fond dans les deux pays.

Le monde est en train d'avancer à une autre vitesse. Si l'appétit de transformation de nos entreprises ne la conduit pas au niveau de celles des Suédois, voire plus, au niveau de celui des Coréens ou des Chinois, elles seront tout simplement dépassées en cinq ans et balayées en dix ans face à une concurrence qui, elle, n'a aucun état d'âme.

Il y a là un double problème de contexte et de mentalité que je souhaite pointer du doigt avec une certaine énergie. Les CEOs (« chief executive officers »), les directeurs généraux, américains ou ceux des entreprises chinoises ne sont pas plus intelligents que leurs homologues français et italiens. Je pense que l'industrie de l'innovation technologique étant d'abord américaine et chinoise, les directeurs généraux de ces nations jouent sur un terrain connu. Un terrain de proximité qui leur donne de l'avance. Ils se sont confrontés à ces innovations plus intensément, avec plus de constance, et l'ont fait plus tôt que nous. Après, il y a la mentalité. En Europe, notamment en Europe du sud, nous avons cristallisé cette méfiance vis-à-vis de la technologie qui vient d'ailleurs. Avant de l'utiliser, nous voulons comprendre, peser, comparer afin d'être sûrs de faire le bon choix. Si cela est rationnel et compréhensible, ce n'est nullement adapté à l'époque que nous vivons.

Attendre deux ans avant de digérer une innovation, c'est la mort assurée pour une entreprise. Un cycle de deux ans pour décider d'un projet via un processus d'appel d'offres fonctionne seulement pour acheter une technologie ayant déjà fait ses preuves et existant sur le marché depuis plus de trois ou quatre ans. Adopter une telle technologie ne fera que permettre à nos entreprises d'améliorer un peu de productivité par rapport à une moyenne de secteur. Cela ne leur permettra pas d'être plus innovantes et de gagner des parts de marché.

En revanche, prendre le risque d'adopter une nouvelle technologie avant les autres, comme le font les Américains, les chinois, les Anglais, les Coréens et certains pays scandinaves, avec une vision ambitieuse, est porteur d'innovation. Et peut permettre de créer éventuellement un avantage compétitif.

Parfois ça marchera, d'autre fois non. *Mais c'est ceux qui essaieront et ressaieront, avec le courage de redémarrer quand il le faut, ceux qui apprendront les premiers de leurs erreurs, ceux qui arriverons à trouver la voie, qui gagneront. Essayer est fondamental. Ne pas essayer sera fatal pour une entreprise du XXIe siècle, celui de la quatrième révolution industrielle.* Ne pas oser faire les investissements nécessaires pour changer son propre domaine d'activité équivaut à renoncer à la suprématie globale dans cette industrie dans la prochaine décennie. Cela entraîne la marginalisation et, probablement, la disparition par faillite ou acquisition dans un horizon de deux décennies.

La fenêtre de tir dont nous disposons : dix ans (peut-être seulement cinq)

Je souhaite être précis sur la notion d'horizon temporel et émettre ici une hypothèse. Je n'ai aucune prétention de lire l'avenir dans une boule de cristal. J'essaye d'adopter un raisonnement logique que je vous soumets pour réflexion.

IBM a créé un empire hardware et software entre les années 1930 et les années 1980, avec une opiniâtreté et des compétences hors du commun. La société a été la vraie pionnière dans l'invention de l'informatique d'entreprise. Ce demi-siècle lui a permis d'affirmer une hégémonie quasi-totale sur le marché de la technologie. Cela lui a ensuite donné la possibilité de se diversifier dans le domaine des services de consulting au cours des quarante années successives. Des cycles relativement longs et cohérents avec l'innovation du siècle dernier, celui de la troisième révolution industrielle de l'automatisation des processus.

Microsoft a inventé un business model qui l'a rendu de facto hégémonique pendant les vingt premières années de son existence. La multinationale a ensuite flotté dans une relative médiocrité pendant deux décennies, et a mis presque dix ans pour redevenir un géant à tous points de vue. D'abord grâce à la qualité des produits, ensuite à la qualité de sa gouvernance, de son rayonnement mondial, de sa crédibilité et, enfin, à la qualité de ses opérations. Nous observons un cycle de vingt ans entre les années 1970 et 1990 et ensuite, plus récemment, un cycle d'une dizaine d'années pour se ressaisir et retrouver l'excellence. Gardons cet exemple en tête.

Avec des moments de force et de faiblesse cycliques, Apple a aussi mis une trentaine d'années à trouver son modèle optimal et les produits qui ont définitivement fait décoller son business pour en faire, aujourd'hui, l'entreprise la plus valorisée au monde.

Il a fallu à Amazon un cycle de vingt ans, de sa fondation en 1994 à 2015, pour devenir la première entreprise de distribution au monde par capitalisation, devant Walmart. En revanche, il lui a fallu moins de dix ans pour imposer Amazon Web Services comme le gagnant absolu de la course au cloud « hyperscale ». Aujourd'hui, Amazon continue de faire la course en tête.

Salesforce, créé en 1999, a mis moins de dix ans pour devenir le numéro 1 mondial des outils numériques de relation client.

Facebook, créé en 2004, est arrivé à avoir 1 milliard d'utilisateurs en un peu plus de huit ans. Cela lui a permis d'être devant tout le monde, d'englober ses concurrents potentiels et de garder une hégémonie absolue sur les réseaux sociaux de première génération avec, à ce jour, plus de 2,8 milliards d'utilisateurs dans le monde. Nous verrons dans le futur sa capacité à se réinventer devant les plateformes de deuxième génération, comme TikTok, qui a dépassé le milliard d'utilisateurs mensuels en seulement trois ans.

Pour finir, Google a été lancée en 1998 avec un premier investissement de 100 000 dollars, puis un second d'1 million de dollars en 1999. L'entreprise américaine est devenue une « public company » en 2005 avec une valorisation initiale de 23 milliards de dollars. En seize ans, elle a ensuite multiplié cette valorisation par 8. Elle a donc eu besoin de moins de dix ans pour devenir le premier outil de recherche au monde.

« Google » devenant le nom générique pour indiquer une recherche sur internet. Ensuite, avec une stratégie d'acquisitions et de croissance interne, elle a créé leur portefeuille existant dans les quinze années suivantes.

Que comprendre et déduire de ces exemples ? Dans le monde de la technologie, nous avons observé qu'il fallait un demi-siècle pour devenir hégémonique au XXe siècle. Qu'au début du XXIe, il ne fallait plus que vingt ou trente ans et que, maintenant, c'est une question d'une dizaine d'années. Dix ans pour créer un géant, un numéro 1 mondial, dans la phase actuelle des business de plateforme. L'innovation accélère et les cycles se réduisent.

Nous observons aussi que ces mêmes entreprises sont pour la plupart dans le top 10 des plus grosses capitalisations en bourse aujourd'hui. Avec une valorisation pour le top 5 (Apple, Microsoft, Amazon, Google, Facebook) qui est en moyenne de 2 trilliards de dollar. Là où le top 5 du CAC 40 (LVMH, Total, Sanofi, L'Oréal, AXA) a, en moyenne, une capitalisation autour d'une centaine de milliards.

Mon postulat est le suivant. L'histoire récente montre que la densité technologique est en train d'augmenter vertigineusement dans chaque industrie. Chaque entreprise, dans le contexte de cette quatrième révolution industrielle, est obligée de se transformer en une société technologique, de devenir une plateforme en mélangeant des outils technologiques produits par des tiers avec des développements propres. Dans chaque industrie, le futur va donc être une course d'innovation technologique, beaucoup plus qu'une course de compétition sur la base des processus traditionnels tels que nous les connaissons aujourd'hui.

Dans chaque marché vertical, si une ou plusieurs entreprises parmi les leaders de la tech décident d'investir, il est fortement probable que, dans un horizon temporel inférieur à une dizaine d'années, elles pourraient devenir hégémoniques dans cette industrie. Si leur intention est de produire des logiciels et des algorithmes pour la transformation de l'industrie, elles pourront s'approprier une partie de la valeur en laissant néanmoins aux champions verticaux existants une part significative du business et du profit. Mais si la stratégie devient une compétition frontale, il est probable, au vu des moyens tout à fait disproportionnés des leaders de la tech par rapport aux entreprises traditionnelles, que la bataille soit remportée par les entreprises technologiques. Avoir dix ou vingt fois plus d'argent à disposition n'est pas forcément une condition suffisante pour détenir la suprématie sur une industrie, mais disons qu'elle donne tout de même un bel avantage.

Vous allez me poser une question classique et fondamentale: est-ce que les leaders de la tech ont l'intention de rentrer dans les marchés verticaux industriels? Je vous propose d'observer les faits avec lucidité et sans émotion.

Un premier constat: les leaders de la tech possèdent tous des parts de marché très conséquentes dans leurs cœurs de métiers respectifs. Amazon et Alibaba se partagent la distribution. Google, Amazon et Facebook la publicité. Microsoft la productivité professionnelle. Amazon et Microsoft le cloud d'entreprise.

Un deuxième constat très important: pour l'instant tous les leaders de la tech dominent une offre et cherchent un relais de croissance en rentrant fortement dans l'activité d'un autre leader. Google essaye de percer dans la productivité pour prendre des parts de marché à Microsoft. Amazon devient une force préoccupante pour Google dans le secteur de la publicité. Google essaye de rattraper son retard dans le domaine du cloud par rapport à Amazon Web Services et Azure de Microsoft etc.

Troisième constat: ces entreprises ont toutes une croissance de leur chiffre d'affaires à deux chiffres. Soit de plus de 10 % par an et même souvent plus de 20 %. Sur l'offre que j'appelle « horizontale », à savoir qu'elle comprend tous les logiciels qui couvrent des besoins d'infrastructure pour les entreprises dites traditionnelles, le marché de la technologie possède une asymptote à sa croissance. Celle-ci représente la croissance du PIB mondial: à peu près entre 2 et 4 % en fonction des périodes et les cycles économiques. Il est possible d'aller plus vite que la croissance du PIB mondial: quand une offre est nouvelle, sa vélocité d'adoption est dopée pendant quelques années. Mais quand presque toutes les entreprises du monde sont équipées, la croissance de cette offre commence à montrer une évolution similaire à la croissance du PIB. L'entreprise qui veut continuer à croître de 10 ou 20 % doit trouver un relais de croissance pour continuer à satisfaire ses actionnaires. Ce qui explique que chacun des leaders de la tech investit dans des nouvelles offres en rentrant de plus en plus en compétition entre eux. Ce constat laisse à penser que, si le champ de ces leaders reste dans les prochaines années strictement le même qu'aujourd'hui, toutes ces entreprises devraient faire face à un problème de stagnation de leur business. Si le schéma demeure identique, les croissances vont tendre vers celle du PIB. Il y a moins d'augmentation des profits, plus de compétition entre les entreprises, et forcément une descente vertigineuse de leur valorisation boursière. Ce n'est pas impossible, mais un peu difficile à croire. Je pense que tous les leaders vont chercher des relais de croissance dans d'autres secteurs d'activité.

Le quatrième constat, lui aussi, demanderait d'avoir une boule de cristal sous la main. Mais c'est là que les choses deviennent intéressantes ! Où se trouvent les relais de croissance ? Selon moi, il en existe de trois types avec chacun un profil de risque/rendement très différent. Première possibilité : je lance une offre qui n'existe pas. Elle couvre un besoin émergent, et pas encore couvert par d'autres acteurs, en pariant sur la « création d'un nouveau marché ». Pour expliquer mon raisonnement, je vais prendre un exemple, fictif dans ce cas. Je suis Facebook. Mon intuition me fait comprendre que les plus jeunes générations, que je maîtrise mal à ce jour, ont envie de partager des petites vidéos éphémères. Je crée une offre qui s'appelle Snapchat ou TikTok – sauf que dans ces deux cas, ce n'est pas Facebook qui en a eu l'idée... C'est ce que j'appelle le « pari pour créer un nouveau marché ». Ayant raté cette opportunité, Facebook s'est rattrapé avec les « Stories » sur leur site et sur Instagram. Mais s'ils veulent retrouver de l'élan, il faudra bien à un moment prendre un nouveau pari risqué. Un exemple clé de ce type d'investissements est le calculateur quantique. Un nouveau marché extrêmement prometteur avec à la clé la réussite sur un nouveau paradigme technologique. Celui-ci représente la plus grande opportunité de changement dans les architectures des « capacités informatiques » – les capacités nécessaires pour résoudre des problèmes complexes. Beaucoup de grandes entreprises américaines et chinoises sont en train d'investir sur le sujet pour, justement, s'assurer une suprématie à long terme sur les technologies numériques. Ce qui demande des investissements colossaux.

Le problème de cette première catégorie est qu'il est extrêmement difficile d'inventer un marché avant qu'il n'existe. C'est de l'entrepreneuriat pur, avec les taux d'échec et de réussite afférents. Cela ne peut pas être le seul type d'investissement car, même si les leaders de la tech disposent d'énormément de cash, elles ont aussi besoin de tempérer le risque global sur leur portefeuille en faisant aussi des investissements avec un retour plus prédictible. Ce que les investisseurs et les marchés attendent d'elles.

Deuxième possibilité : étendre le périmètre de l'offre avec des évolutions majeures sur l'offre existante. Là, le profil de risque est plus raisonnable. Les créneaux sont déjà connus, ils s'appellent par exemple Teams, Zoom et Slack pour la productivité collective, domaine qui va s'enrichir avec de nouvelles fonctionnalités dans le futur, avec plus de créativité d'un côté, et aussi plus d'automatisation grâce à l'intelligence artificielle. On peut aussi citer un autre créneau : les outils des plateformes « low code ». Un marché très prometteur pour développer les applications très facilement et avec peu de compétences techniques. Un outil parfait pour déployer une vraie culture digitale d'entreprise et permettre à potentiellement tous les employés d'une structure de créer eux-mêmes des applications qui répondent à leurs propres besoins spécifiques. Je pourrais prendre bien d'autres exemples sur les solutions SaaS (*Software as a Service* que l'on peut traduire par « solution logicielle à la demande ») sur la gestion de processus d'entreprise, comme les logiciels ERP, le module CRM et leurs extensions.

Cette catégorie d'investissement est bien sûr plus rassurante pour les directeurs financiers des entreprises de tech, ainsi que pour leurs investisseurs. Il s'agit d'investissements plus ou moins ambitieux mais exactement de la même nature que ceux que leurs entreprises ont engagés auparavant. Comme une sorte d'extension naturelle de leur portefeuille, avec des formats et des retours qui leur sont relativement connus, et facilement explicables à leurs conseils d'administration. Le problème de ces investissements, c'est que tous les « hyperscalers » font les mêmes paris. Ils se retrouvent en forte concurrence entre eux sur un marché qui n'est pas extensible à l'infini, avec une croissance organique d'une offre tech déjà existante. Pour être encore plus clairs : il s'agit d'aller chercher une croissance sur 4 % du PIB que la tech représente déjà, en ayant comme compétiteurs les « hyperscalers » existants. Ce qui implique une belle bataille de géants. Un exemple récent est la convergence de plusieurs acteurs majeurs de la tech sur le marché de la réalité virtuelle ou mixte, le « métavers ». Facebook, Microsoft, mais aussi Apple, Amazon et Google vont se retrouver à développer des offres sur la même niche, en espérant être le meilleur ou le plus rapide sur un marché qui intéresse tout le monde en ce moment.

Il y a enfin une troisième catégorie, également très intéressante. Elle consiste à réinventer des offres industrielles verticales en profitant des inefficacités cumulées dans chacune des industries. Nous avons déjà montré quelques exemples du fort impact de la quatrième révolution industrielle : souvent, l'application des nouvelles technologies peut radicalement transformer et aussi rendre beaucoup plus efficaces tous les processus d'une industrie. Une grosse entreprise de la tech pourrait donc s'intéresser à un marché vertical afin de réaliser cette transformation et prendre une partie, ou pourquoi pas un jour la totalité, des poches de profit associées à cette industrie. J'ai déjà évoqué des incursions de leaders de la tech dans plusieurs industries et, franchement, je ne vois pas de marchés verticaux dans lesquels ils ne pourraient pas rentrer. C'est déjà le cas aujourd'hui pour la vente au détail, la santé, l'industrie pharmaceutique, la mobilité urbaine, les voyages ou le divertissement. On commence à voir émerger de l'intérêt pour la banque, l'assurance, la logistique. Demain, cela pourrait inclure la manufacture, les transports au sens large, l'agriculture, la construction, l'énergie. Et ne parlons pas de l'espace qui est déjà un terrain de conquête ouvert.

Il y a trois avantages importants dans cette troisième catégorie d'investissements. La première est le volume de besoins. Il représente 96 % du PIB du monde, donc autant dire un espace ouvert pour les leaders de la tech avec un volume de marché vingt fois plus grand que celui sur lequel ils travaillent aujourd'hui. Le deuxième élément d'intérêt est bien sûr le profit. Certaines de ces industries ont des profits importants et/ou des inefficacités importantes, ce qui veut dire que la rentabilité des investissements peut être conséquente. Le troisième élément de l'équation est le risque. Ce qui est particulièrement intéressant. Plutôt que se battre contre d'autres leaders aguerris de la tech, sur chaque secteur vertical une entreprise de technologie peut rentrer en compétition avec des entreprises classiques certainement plus lentes, avec un modèle existant connu et relativement transparent. Parvenir à faire mieux devient particulièrement facile et représente un risque relativement bas. Inutile de dire que cette troisième catégorie va réveiller les appétits d'énormément d'entreprises de la tech, des plus connues aujourd'hui à celles en cours de construction et que nous ne connaissons pas encore !

À ce stade de la réflexion, vous allez peut-être penser que j'ai passé vingt-six ans dans le monde de la tech pour finalement en venir à le critiquer et affirmer que ses leaders vont s'emparer du travail des entreprises classiques. Non, ce n'est pas ce que je veux dire. Je ne cherche pas à opposer deux univers et à prendre parti pour l'un ou l'autre. Je pense que la technologie transforme tout, et que c'est une question de culture, de compétence, d'ambition et de vitesse. Les entreprises qui arrivent à voir les déficiences, à saisir les opportunités et à faire les bons investissements, parviendront à créer de la valeur et à transformer le monde. Il se trouve qu'à ce jour, les entreprises avec les compétences, et qui ont ou qui se donnent les moyens de faire ces investissements, sont plutôt les leaders de la technologie.

Je tire ici un signal d'alarme pour que tout le monde comprenne les enjeux, ainsi que la force et la vitesse à employer pour réagir. Je souhaite avec cet ouvrage ouvrir tous les yeux sur les défis des prochaines décennies. Permettre tout d'abord de comprendre et, ensuite, à chacun de nous, en fonction de ses passions et de ses compétences, de rentrer dans la course. Avec les moyens et les ambitions qu'il retiendra comme nécessaires.

Le problème qui se cache derrière tous les autres

Je souhaite aussi être très clair sur un fait. Au-delà de voir une plus grande énergie financière et intellectuelle dans les entreprises de technologie face aux entreprises industrielles traditionnelles, force est de constater que la concentration de la tech se trouve justement aux États-Unis et en Chine. Ce qui crée un deuxième niveau de défi si l'on regarde l'ensemble des éléments au niveau géopolitique. Cela se traduit par une asymétrie énorme et étonnante sur le niveau et la quantité d'innovation que nous constatons entre les trois plaques géographiques, pour ne parler que des États-Unis, de l'Europe et de la Chine. Nous devrions ajouter l'Inde, l'Amérique latine, l'Afrique, l'Australie, le Japon et le reste de l'Asie. Mon postulat est le suivant. Si la technologie est le premier moteur d'innovation, comme les dernières décennies l'ont déjà largement démontré, cela veut dire que les plaques géographiques qui maîtrisent ce levier seront gagnantes dans le moyen ou le long terme sur la croissance de leur production. Et aussi sur le bien-être, le développement de l'emploi, la croissance socio-économique de leur population.

Ces dernières années, nous avons déjà vérifié les effets de cette dynamique. On peut s'amuser à regarder ces informations sur la base de données de la Banque mondiale. Les États-Unis ont connu une croissance moyenne ces dix dernières années de 1,8 %, la Chine de 7,2 % et l'Europe de 0,8 %. Si on élimine l'année 2020 en prenant en compte les effets de la Covid-19, et si l'on considère les neuf années entre 2010 et 2019, les trois taux du PIB et la croissance annuelle moyenne seraient respectivement de 2,3 %, 7,7 % et 1,6 %. Les informations en notre possession nous permettent d'avoir une projection très similaire pour la prochaine décennie. Il est d'ailleurs frappant de voir que, en valeur absolue, le PIB total de l'Union européenne a été sensiblement équivalent à celui des États-Unis des années 1970 à 2010. Le décrochage a été important et net à partir de 2011, donc ces 10 dernières années. Un écart de l'ordre de 10 %, en seulement dix ans, est énorme. Entretemps, la Chine qui jadis était distancée, va bientôt doubler l'Europe. Dans quelques années, si la croissance continue comme prévu, elle va aussi doubler les États-Unis.

La poursuite de cet état de fait va creuser davantage la différence entre les taux de croissance des États-Unis et de la Chine d'un côté, et celles des autres plaques géographiques du monde de l'autre. Plus de tech, plus d'innovation, plus de croissance, plus de bien-être pour les deux superpuissances. Moins de croissance et moins de bien-être partagé dans le reste du monde, voilà ce qui risque d'être le film de notre futur si on le laisse se dérouler tel qu'il est écrit dans son scénario actuel. Il est encore plus frappant de regarder l'évolution du PIB *per capita.* Alors que, ces dix dernières années en Europe, nous sommes restés autour de 34 000 dollars par personne, les États-Unis ont évolué de 47 000 à 63 000 dollars, et la Chine de 4 400 à 10 500 dollars. En doublant le pouvoir d'achat de la population chinoise en une décennie, là où cela reste stable en Europe.

Mais je suis convaincu qu'il n'y a pas d'histoire écrite qu'on ne puisse changer. Cela me paraît aussi vrai pour notre futur, individuel et collectif. Il faut juste se saisir vite et bien des opportunités, avoir l'humilité nécessaire, travailler dur, et retrouver une ambition au niveau mondial.

Je suis frappé en ce moment, et depuis plusieurs années, par les indices de cette faiblesse endémique des nations européennes, indices déjà si bien visibles. De plus en plus de mouvements sociaux soulignent la précarité de certaines populations. Nous n'arrêtons pas d'observer le phénomène de l'immigration comme un vecteur de désaccord « au sein » des pays ainsi qu'« entre » les pays de l'ensemble de l'Union européenne. Les statistiques nous indiquent que, comme ailleurs, nous sommes en train de creuser des inégalités, alors que l'Union européenne a fait de l'égalité des chances et de la protection sociale ses étendards pendant des décennies. Ce sont des signes prémonitoires d'une crise imminente, avec ou sans les effets de la Covid-19 qui viennent renforcer cette fragilité. Dans cette période de crise, seuls les populismes gagnent malheureusement du terrain. Il est tellement plus facile en politique d'émouvoir en pointant du doigt des problèmes que de raisonner et convaincre en évoquant des solutions.

Mon constat est simple et radical. Il y a beaucoup de signes autour de nous de ce que nous pensons être le cœur du problème. Comme le mouvement des gilets jaunes, la montée des extrémismes, le chômage, les inégalités, le sentiment d'insécurité, et d'autres tensions sociales que les médias ne cessent d'amplifier… Ils ne sont, en fait, que l'expression d'un problème plus vaste et généralisé, que nous devrions d'abord comprendre et ensuite régler. Nous avons historiquement constaté, dans l'Union Européenne, une redistribution globalement positive et croissante de bien-être pour ses 450 millions d'habitants. Au siècle dernier, celui des trois révolutions industrielles précédentes, nous avons été un très grand producteur de valeur économique au niveau mondial. Mais nous évoluons aujourd'hui dans un monde à deux vitesses, celui de la quatrième révolution industrielle de l'intelligence artificielle et des « actifs intangibles ». Si l'Europe se positionne dans le peloton des suiveurs, cela veut dire que l'association du manque d'innovation et du manque de croissance va se transformer en un déficit de création de valeur en comparaison des puissances voisines. Celles-ci vont profiter en large partie de la croissance de biens et services au niveau mondial. Elles vont venir vendre leur innovation chez nous, et nous aurons plus de mal à exporter nos innovations dans le reste du monde, au moins de façon relative. En conséquence, nos bilans commerciaux seront de plus en plus déficitaires, et nous aurons beaucoup moins de richesse à redistribuer.

J'entends souvent parler de « décroissance » pour retrouver une harmonie avec les valeurs du développement durable. Il y a dans cela, à mon goût, une notion un peu naïve et irrationnelle. Nous évoluons dans un monde qui va compter dix milliards d'humains d'ici cinquante ans. Avec un niveau de vie qui, nous le souhaitons tous, puisse s'élever pour la totalité de la planète.

Globalement, cela veut dire que le monde de la production de biens ne peut qu'être mathématiquement en croissance. Si on prône une décroissance pour les pays, cela implique de se mettre en retrait par rapport aux opportunités et de baisser le niveau de vie comparativement aux pays qui sauront saisir les nouvelles opportunités. C'est une involution particulièrement inquiétante de la mentalité européenne. Laquelle est passée des excès expansionnistes, voir impérialistes, du siècle dernier à ce pessimisme cosmique que nous observons autour de nous en ce moment. *Il est bien sûr nécessaire de réécrire la page du capitalisme bienveillant et responsable. Mais cela doit s'inscrire dans un mouvement de nouvelle croissance, ou, si l'on veut de « recroissance ».* Nous avons, en réalité, besoin d'une vision stratégique, de projets clairs, d'investissements ambitieux, d'une politique industrielle articulée, de pragmatisme et de rapidité pour saisir les opportunités et *capturer les nouveaux business en faisant des valeurs européennes un moteur d'innovation nouvellement efficace.*

Nous avons besoin d'une renaissance moderne pour enfin retrouver l'élan vers le futur que nos grands-parents ont su insuffler dans les années 1950. Une vision du monde qui devait garantir paix et opportunités pour tous, de l'optimisme pour la construction des années à venir, de l'espoir bienveillant pour les générations successives, et la recherche d'ententes globales pour résoudre les grandes équations du monde. J'y ajouterai de la vitesse. Un vrai sens de l'urgence et, surtout, une intelligente reconstruction du modèle afin qu'il puisse s'inscrire dans des normes claires de développement durable.

Regardons avec ambition et lucidité vers les opportunités qui se présentent

Les années 2020 et 2021 resteront gravées dans nos mémoires par l'arrivée et les conséquences d'une crise sanitaire d'une ampleur sans égale. Mais aussi comme des années charnières pour la transformation numérique des organisations. Avant cette crise de la Covid-19, nous n'avions jamais pu auparavant observer de manière aussi flagrante la dualité qui a opposé les organisations, publiques comme privées. Celles qui ont su maintenir avec efficacité leurs opérations et celles dont les activités ont été mises brutalement à l'arrêt par le confinement. Quelle différence entre les deux? Les premières avaient déjà opéré leur transformation digitale, notamment par la mise en place de nouveaux processus plus agiles, rendus possibles par la technologie.

Cette situation inédite nous invite à nourrir une réflexion collective sur le « monde d'après », à définir les contours d'une communauté tournée vers le futur et prête à relever les défis de la reconstruction du tissu économique et social. Chaque nation reposera sur de nouvelles façons de concevoir, de produire et de fournir des biens et des services, sur nos marchés comme à l'international. En s'appuyant sur des moyens de production et de distribution plus efficaces, flexibles, sécurisés et pérennes pour les organisations. La crise actuelle, et les contraintes qui vont peser sur l'économie de chaque pays dans les prochains mois, appelle une mobilisation de tous pour réinventer nos modèles d'organisation en profondeur.

Si je regarde ce qui s'est passé en France, en quelques mois, la nation entière a su réagir face à une menace inconnue et imprévisible. Les écosystèmes, publics, privés, associatifs, se sont tous mobilisés, et une vraie solidarité s'est organisée. Au cours de cette période, j'ai pu constater combien il était crucial, et même vital, de prendre des décisions rapidement sur la base de données et d'informations claires. De communiquer de manière transparente, pertinente, et au bon moment, pour garder les équipes engagées et soudées. Cette crise a représenté, pour chaque organisation, une épreuve du feu pour la bonne continuité de leurs opérations.

En tant qu'entreprise de technologie et donc fournisseur de tant d'organisations en France, notre première préoccupation tout au long de la crise chez Microsoft a été d'assurer la sécurité, la santé et le bien-être de nos collaborateurs, clients et partenaires. En les aidant à répondre au plus vite aux urgences soulevées par les événements. Je suis ravi de voir combien la technologie a été une alliée précieuse pour des milliers d'organisations de toute taille, de professionnels comme de particuliers pendant le confinement.

Après la crise de 2008, des études de l'OCDE avaient démontré que les organisations ayant le mieux réussi leur sortie de crise étaient celles qui avaient eu la lucidité et le courage de maintenir, voire d'augmenter, leurs investissements en innovation. A contrario celles qui, pour survivre aux difficultés, avaient diminué les leurs, sortaient perdantes, victimes d'une nouvelle forme de darwinisme économique. Je suis convaincu que ce même phénomène va se répéter dans les dix prochaines années et sera accentué par l'impératif de digitalisation croissante de nos économies.

Il y aura des gagnants et des perdants à l'horizon 2030, les décisions prises pendant les deux prochaines années vont être décisives.

Cette crise, sans précédent par son ampleur, restera également comme une incitation à concevoir de nouveaux business models sur la base de tout ce que cette période nous aura appris. Cette situation, couplée à la généralisation du télétravail et aux consignes de distanciation sociale, a mis en lumière de nouveaux besoins au cœur des entreprises. Il s'agit désormais de réfléchir à l'après, à ce que beaucoup désignent sous l'anglicisme de « new normal », cette nouvelle normalité qu'il nous incombe, à tous, de définir.

Nous devons aujourd'hui repenser la plupart de nos habitudes :

- Que devient la relation client quand on ne peut pas se rendre dans un magasin ?
- Comment concevoir un événement marketing lorsque nous sommes tous à distance ?
- Comment gérer sa production si on n'a pas accès au site ?
- Quels engagements peut-on prendre pour fournir un bien à un client si on n'a pas la maîtrise de la chaîne logistique ?
- Si une crise impacte une plaque géographique du monde, sommes-nous capables de nous approvisionner en matières premières ailleurs en répondant aux mêmes standards ?
- Avons-nous appris suffisamment de cette crise ? En particulier, sommes-nous en mesure d'utiliser la technologie, la science et les données pour mieux anticiper le futur et réussir à prendre des décisions en temps utile ?
- Comment transformons-nous la structure sociale de notre organisation pour permettre un fonctionnement plus agile et réactif ?

Voilà quelques exemples de questions structurantes auxquelles il nous faudra trouver des réponses dans les prochains mois.

Cette crise aura révolutionné la manière de travailler de centaines de millions de personnes dans le monde et révélé le caractère essentiel du numérique pour garder en conditions opérationnelles le travail des équipes. Afin de garantir efficacité et ressources après la crise, chaque organisation devra repenser l'ensemble des processus de l'entreprise en considérant le digital non seulement comme un outil de communication ou de productivité, mais comme l'élément essentiel pour refondre et concevoir une nouvelle chaîne de valeur.

Dans de nombreux métiers, chaque jour, les professionnels ont besoin d'un accès agile, simple et efficace aux données. Là encore cette crise a été révélatrice de lacunes importantes dans la capacité des organisations à permettre, de façon à la fois démocratique et puissante, l'utilisation des données pour comprendre, prendre des décisions, agir, surveiller, anticiper, améliorer les opérations en temps réel. Après la crise, il s'agira d'entamer enfin cette révolution numérique de la donnée, en construisant de vraies plateformes pour un travail plus efficace en entreprise, mais aussi pour permettre la création de nouveaux business models.

Beaucoup de métiers ne sont pas et ne seront jamais, par nature, « dématérialisables » : la production industrielle, les chaînes logistiques, les chantiers de construction ou encore la maintenance d'infrastructures. Dans ces cas précis, non seulement la technologie transforme les modes de travail en permettant de mieux collaborer, de davantage exploiter les données. Mais elle apporte aussi de l'interaction avec le monde physique à travers les réalités virtuelles et augmentées. Autant de nouvelles possibilités qui s'offrent à nous.

La technologie nous aide à résoudre un grand nombre d'équations complexes. Grâce au cloud et à l'intelligence artificielle, ces transformations sont à la portée de toutes les organisations. Elles sont également synonymes d'économies d'échelle accessibles à tous. Avec le courant émergent du « low code », la digitalisation des processus permet de réaliser en seulement quelques semaines ce qui, il y a dix ans, aurait demandé un ou deux ans de travail.

Une crise, c'est surtout une magnifique opportunité de tout réinventer. La crise sanitaire actuelle nous pousse de plus en plus à réfléchir au monde que nous avons construit ces dernières décennies. *Le fruit de trois révolutions industrielles et de business models pour la plupart hérités des générations précédentes. Nous les avons vécus comme immuables, mais de plus en plus de citoyens du monde, notamment les plus jeunes générations, les critiquent et les remettent en cause.*

Cette épreuve va plus profondément changer notre façon de consommer, mais aussi de produire. Au fur et à mesure des lectures, des articles ou des documentaires qui m'ont nourri pendant la crise, j'ai commencé à dresser la liste des grandes priorités nécessaires à la réinvention des organisations. Qu'il s'agisse d'une entreprise privée, d'une institution publique ou d'une organisation à but non lucratif.

C'est le moment de reconcevoir la mission de chaque organisation, qu'elle soit une entreprise privée ou une entité du service publique. Elles se doivent d'être claires et limpides vis-à-vis de leurs publics internes et externes en prenant en compte les enjeux environnementaux et sociétaux. Pour que l'objectif nouvellement énoncé se traduise avec cohérence sur l'ensemble de leurs chaînes de valeur.

Il est temps de maximiser la valeur produite par l'organisation en donnant la possibilité à chacune et chacun de s'épanouir pleinement dans un contexte enrichissant, méritocratique. En valorisant la délégation, la confiance, la diversité et l'inclusion.

Il devient indispensable de s'assurer, pour chaque processus clé de l'entreprise, d'avoir les moyens de revoir, à la hausse ou à la baisse, la capacité de production avec la flexibilité nécessaire. Sans rupture dans le modèle d'organisation.

Il est désormais fondamental de tirer parti des données existantes, au sein de l'organisation et à l'extérieur de l'organisation, pour reconcevoir les business models et augmenter la valeur grâce à la construction de plateformes digitales.

Il est urgent de reconcevoir et d'automatiser les processus « asset based » (basés sur l'actif) de l'organisation pour pouvoir les gérer à distance et rendre le système de production industrielle plus résilient.

Il est essentiel d'investir pour faire évoluer les compétences des collaborateurs d'une organisation afin qu'elles soient alignées sur les ambitions de l'organisation, mais aussi sur les exigences du marché.

Il est crucial de s'assurer que la mission de l'organisation réponde à des impératifs toujours plus forts et qui touchent à la responsabilité envers les personnes, l'environnement, la société.

Il est opportun de créer une culture omniprésente d'innovation permanente au sein de l'organisation, non seulement pour s'adapter à un monde en constante évolution, mais aussi car il s'agit d'une force d'attraction des talents et d'un avantage compétitif sans égal.

À la lumière de ce que nous avons appris pendant la crise, nous pouvons dessiner un avenir différent. Nous lancer dans la construction de nouvelles formes de valeur ajoutée, avec le courage nécessaire pour projeter les organisations dans le futur, ainsi que l'humilité indispensable pour préparer le voyage avec lucidité et conviction.

La croissance économique et l'équilibre social

En mai 2019, bien avant la crise sanitaire qui a porté le sujet à la lumière du jour, j'ai publié une tribune dans Les Echos titrée : « Nous devons remettre l'Europe dans la course à l'innovation ». Je me rendais compte à quel point la vitesse de transformation de notre société ouvrait grand la voie au populisme dans le monde entier. Je ne pouvais pas, à l'époque, appréhender l'intensité, la fréquence et l'ampleur des émeutes provoquées par les « gilets jaunes » qui allaient secouer la France pendant tant de semaines consécutives. De toute évidence, un certain degré de tension était déjà là, mais l'impact sur notre société apparaissait maintenant encore plus profond. Depuis, je n'ai cessé de réfléchir à la manière de concilier l'aspiration à la croissance économique et la nécessité de maintenir un équilibre social.

Je l'ai dit à l'époque, je le réaffirme aujourd'hui. La France, l'Italie, l'Espagne, comme beaucoup d'autres pays d'Europe, ont besoin de transformations fondamentales pour remodeler leur compétitivité et leur capacité à assurer le bien-être de leurs citoyens. La radicalisation du débat que nous observons depuis quelques mois a pour danger de réduire la vitesse de cette transformation. Le risque pour notre avenir réside dans l'incapacité de toutes les parties concernées à penser et à agir de manière créative à un rythme approprié afin de rétablir une croissance équilibrée et durable.

J'ai été assez surpris d'assister à une mobilisation aussi faible en France et en Europe pour renforcer le message sur l'urgence de la transformation, sans parler de certaines réactions populistes récentes venant de plusieurs pays de l'Union européenne. Cette absence de l'expression de voix puissantes est, à mon avis, le résultat d'une attitude attentiste d'une part et de calculs politiques délibérés de l'autre. Je crois que la France et l'Europe méritent mieux. Nous devons nous efforcer d'avoir une vision plus claire et partagée en faveur des réformes, et plus de cohérence. Ce n'est certainement pas en gardant les vieilles habitudes que des nations en difficulté vont retrouver de l'élan. Nous avons le besoin urgent d'un nouveau projet.

À cet égard, nous ne devons pas non plus sous-estimer le mouvement des gilets jaunes pour ce qu'il incarne d'un point de vue social et politique. La fracture sociale peut se manifester par une rupture du contrat moral entre les citoyens et la nation. Le phénomène est intéressant même si la violence est totalement inacceptable. Il doit nous inciter fortement à repenser les véhicules novateurs et efficaces pour la représentation des citoyens dans un débat national. L'accent mis sur le dialogue entre le gouvernement et les citoyens doit être clairement renforcé, les préoccupations très réelles ressenties par la population ne doivent pas être ignorées. Le mouvement a eu suffisamment d'impact pour que les élites françaises repensent leurs stratégies. Cela devrait être pour nous tous un point d'apprentissage fort sur l'importance d'un programme de transformation équilibré.

Il est plus que jamais nécessaire de trouver de nouvelles formes de débat public national, avec de nouveaux formats pour engager des citoyens bien plus informés et connectés qu'auparavant. Je crois que tout le monde doit se réunir dans un dialogue constructif pour combler les lacunes en partageant des idées constructives.

Le temps est venu pour les intellectuels, les femmes et les hommes politiques, les dirigeants, de confronter leurs points de vue. De faire entendre leur voix et d'avoir une plus grande influence afin que le débat se traduise en actions. Il me tarde d'observer les idées qui surgiront et les projets factuels qui en découleront. Je souhaite de tout cœur que cela soit une excellente occasion de façonner l'avenir du pays. Le début du nouveau quinquennat représentent une occasion majeure pour commencer cette reconstruction, surtout dans le cadre absolument incroyable du déclenchement soudain d'une guerre à la frontière de l'UE. *Encore une crise, encore une démarcation entre « l'ancien ordre du monde qui s'estompe et le nouveau qui ne peut pas encore naître », comme avait écrit le philosophe et politologue italien Antonio Gramsci. Encore surtout une grande occasion pour se redonner de l'élan.*

Les décideurs, dans la sphère privée comme publique, doivent sortir de leur tour d'ivoire et s'engager pour une croissance inclusive à laquelle chacun devrait avoir la possibilité de contribuer et qui devrait bénéficier à tous.

Depuis plusieurs années, j'ai essayé d'être un promoteur de l'innovation ouverte et collaborative. L'économiste Henry Chesbrough, professeur à Berkeley, a théorisé l'*open innovation*, l'innovation ouverte. À plusieurs reprises, j'ai été témoin du pouvoir de l'échange intellectuel, du travail acharné et de l'innovation en action. Je me rappelle cet article marquant, dans le magazine américain *MIT Technology Review*, décrivant un nouveau leitmotiv pour l'innovation. La conclusion expliquait que *les organisations devaient sortir de leur tour d'ivoire et collaborer le plus possible au sein d'écosystèmes larges et divers, afin de réussir à créer de la valeur de façon moderne.* Ce qui se passe dans l'entreprise devrait être examiné et intégré rapidement par les gouvernements et par tout groupe ou tiers pouvant peser dans le débat public. *Les réformes descendantes imaginées dans une tour d'ivoire ne fonctionnent plus, tout comme les travaux d'un laboratoire de recherche et développement fermé sont rarement couronnés de succès. Les écosystèmes et les réseaux sont toujours plus forts que les capacités individuelles.*

Mon humble proposition est la suivante : les gouvernements, les organismes intermédiaires, les associations, les ONG et le secteur privé doivent collaborer plus étroitement afin d'ouvrir la voie à des réformes. En tirant parti d'un plus grand nombre d'éléments mis en œuvre pour créer, réinventer et proposer de nouveaux écosystèmes pour une croissance durable.

J'ai cité plus haut ce que Microsoft avait décidé de mettre en place pour stimuler l'innovation, les compétences et les emplois en France entre 2018 et 2021. En concevant un programme clair pour soutenir l'innovation, la création d'emplois et l'amélioration des compétences du pays. Je suis fier de voir le niveau de synergies que nous avons été capables de créer avec notre écosystème. Ce qui peut être fait à l'échelle d'une entreprise comme Microsoft peut aussi, j'en suis convaincu, l'être à l'échelle nationale. Nous avons travaillé avec des dizaines d'organisations pour accélérer notre apprentissage collectif sur l'utilisation éthique des nouvelles technologies afin de créer de nouveaux modèles d'affaires économiques qui ajoutent de la valeur aux êtres humains.

Nous avons tiré parti des capacités massives pour le développement des compétences numériques dans le pays, tout en offrant de nouvelles opportunités à plus d'un millier de jeunes avec les écoles pour l'intelligence artificielle et pour la cybersécurité.

Nous avons sensibilisé également plus de 50 000 enfants de 8 à 15 ans à la citoyenneté numérique, au code et à l'IA dans toute la France, grâce à la mobilisation de 226 bénévoles du service civique et au partenariat avec Unis-Cité.

Ce sont, à chaque fois, des exemples de mobilisation d'écosystèmes. Nous réfléchissons ensemble à notre objectif, puis nous nous lançons ensemble et en alignement. Cela crée de la confiance et nous permet plus d'efficacité.

Mon souhait pour la société est de trouver une nouvelle voie pour utiliser l'innovation comme une source d'inspiration et d'action pour créer du bien-être de façon équilibrée, inclusive et durable.

Dans cette tribune de 2019, j'avais commenté la nécessité d'une mobilisation pour imaginer un avenir souhaitable et ensuite le réaliser en tant que président de Microsoft.

Ce besoin est encore plus fort maintenant. Je veux faire appel au sens des responsabilités de chacun pour aborder une phase constructive de proposition et de collaboration débouchant sur un projet de transformation plus audacieux. J'attends avec impatience d'avoir un débat animé sur les idées et les actions concrètes. J'invite toutes les parties à imaginer un travail constructif et multilatéral pour repenser l'avenir de nos pays. Exactement comme Mariana Mazzucato, professeure d'économie de l'innovation à l'University College de Londres, le propose dans son livre *Mission Economy: A Moonshot Guide to Changing Capitalism*. Un vrai partenariat entre un secteur privé qui doit se poser avec sérieux des questions sociétales et un secteur public qui, lui, doit se poser avec plus d'ambition des questions stratégiques sur le futur, au lieu de se focaliser uniquement sur les problèmes contingents.

Je continuerai à m'engager pour faire en sorte que l'innovation numérique puisse contribuer à l'évolution responsable du PIB et à créer de plus en plus d'occasions pour tous d'apprendre et de grandir dans un monde en constante évolution. Je suis totalement convaincu que nous pouvons travailler pour construire une vision commune de la croissance inclusive et en faire la nouvelle norme pour l'Europe et pour le monde.

PARTIE 2

Neuf thèmes essentiels pour transformer notre société et accélérer le progrès

Grâce à mon expérience de ces dernières années, je souhaite détailler ici les thèmes qui sont, à mes yeux, essentiels pour le futur.

Adolescent, à l'âge de 15 ans, un livre a changé ma vie. Je connaissais son auteur, Italo Calvino, auquel nous avait introduits notre chère professeure Maria Marranghello avec des extraits de *Marcovaldo* quand nous étions à l'école primaire. Comme aucun autre écrivain en Italie, et peut-être même dans le monde, Calvino a écrit des chefs-d'œuvre capables de toucher toutes les générations. Ils font, à mon sens, partie du panthéon de la littérature. On peut les lire à 12 ans et les adorer, les relire à 20 ans et mieux les appréhender, les redécouvrir à 60 ans pour enfin comprendre toute l'ampleur et l'intemporalité des propos. Et retomber amoureux de la finesse et du charme de son œuvre.

En 1985, Italo Calvino a été invité à Boston par l'université de Harvard pour y prononcer une série de conférences. Fasciné par l'arrivée prochaine du troisième millénaire, il avait alors décidé des thèmes à traiter en imaginant un ensemble de valeurs, enracinées dans la littérature des siècles précédents. Des valeurs littéraires qui pourraient constituer un héritage et être transmises aux générations futures sous la forme de « six propositions pour le prochain millénaire ». Ces *Leçons américaines* furent hélas posthumes, puisque Calvino décéda en septembre 1985 à l'hôpital de Sienne. Il est absolument magique de plonger avec lui au cœur de son amour pour ces valeurs fondamentales que sont : légèreté, rapidité, exactitude, visibilité, multiplicité (il ne finalisa pas la sixième sur la cohérence) ; magique de l'écouter passer en revue tant de personnages, de mythes et d'histoires faisant partie du patrimoine culturel universel. C'est un vrai hymne à l'humanisme, aux belles lettres et à la poésie.

Les *Leçons américaines*[3] ont déclenché en moi quelque chose. J'ai trouvé tout à fait remarquable l'intention de laisser, avec des conférences et un ouvrage, un savoir en héritage. Et ainsi, sans ambitions d'exhaustivité ou de

3. Italo Calvino, *Leçons Américaines, Six propositions pour le prochain millénaire/Légèreté* – Gallimard, 1988

perfection, de provoquer chez l'autre suffisamment d'intérêt pour approfondir ensuite sa réflexion avec plus de lectures, d'études, de découvertes.

Sans nulle prétention d'arriver à la cheville de mon maître Italo Calvino, j'ai compris que j'aurais envie un jour de transmettre aux autres une partie de ce que j'ai appris et de ce que j'aime passionnément. En espérant que cela soit une nourriture terrestre pour ceux désireux de comprendre et de savoir.

En posant le postulat selon lequel le progrès est lié de façon incontournable à l'innovation technologique, je vais évoquer neuf thèmes qui sont pour moi la fondation de la société de demain. Je ne veux pas dire par là que l'innovation technologique est la seule raison du progrès lui-même, mais plutôt qu'elle en sera à chaque fois un composant essentiel. C'est ma conviction profonde : l'innovation technologique sera l'épine dorsale de la société que nous allons construire, alors autant la connaître en profondeur pour mieux l'apprivoiser.

1. La culture de l'innovation

Je souhaite absolument commencer par l'innovation, ma passion la plus profonde. Après vingt-six ans d'expérience professionnelle, je pense que c'est l'élément distinctif du savoir-faire que j'ai appris lors de mes aventures au sein de deux entreprises, avec des dizaines de partenaires et des milliers de clients. *J'ai pu observer des centaines d'organisations parler d'innovation, une bonne moitié en réaliser vraiment, quelques dizaines les réussir et seulement quelques-unes le faire de façon systématique et répétée.* Il est vrai qu'il est particulièrement difficile de maintenir la flamme de l'idée initiale tout en changeant le modèle de business sous-jacent, en protégeant et en nourrissant la culture d'innovation sur toute une organisation.

La réussite la plus aboutie est celle d'Apple. Un vrai exemple de réflexion prospective depuis le début, avec un leadership visionnaire et imperturbable face aux difficultés.

Apple s'est imposée comme une société innovante qui définit la barre de l'excellence face aux autres producteurs de dispositifs et comme la référence pour tous les consommateurs en termes de qualité et d'ergonomie. Cela a demandé du temps et de la persévérance mais le résultat est éclatant. Elle reste encore aujourd'hui un exemple pour tous.

Le plus ardu dans ce domaine est la capacité d'imaginer ce qui n'existe pas. La plus grande partie de l'innovation identifiée dans nos organisations résulte en réalité, de l'amélioration incrémentale, des ajouts par palier. C'est, certes, nécessaire et important pour rafraîchir constamment un produit comme un processus interne, mais pas suffisant pour changer un modèle de business et pour se mettre à l'abri de la marginalisation par des vagues externes de disruption. *Le seul levier qui marque une différenciation constante pour une organisation est l'innovation radicale qui porte à créer, avec une certaine systématicité, ce qui n'existe pas encore.* Ce qui surprend le marché et crée des nouvelles expériences pour les clients/consommateurs qui se sentent compris et pris en charge, même sur des besoins émergents. Faire ce type d'innovation tout en utilisant les nouvelles technologies existantes est un art, cela demande des compétences générales qui sont extrêmement rares sur le marché. Même si la majorité des grandes organisations de conseil sont extrêmement efficaces pour déployer des « meilleures pratiques » et pour apporter de la qualité, de la rigueur dans les processus d'une organisation – de la stratégie, au design, à la production, etc. –, elles sont rarement capables d'aider à l'émergence de nouveaux business models. D'ailleurs, souvent, les consultants qui en sont capables deviennent à leur tour entrepreneurs ou dirigeants d'entreprise et abandonnent le métier du conseil.

Quelles sont alors les caractéristiques de leadership qui font d'une organisation une équipe capable d'innover ? C'est à chaque fois un mélange différent, pointu et spécifique, mais dont la base se compose d'un certain nombre d'ingrédients.

Je commencerais par *un grain de folie*, dans le sens typiquement entrepreneurial de vouloir transformer le monde et de croire profondément qu'il est possible de le faire. Dans un monde aussi complexe et difficile à faire bouger que celui que nous avons devant les yeux, cela est certainement perçu comme une folie. C'est pourtant une ambition légitime qui a toujours fait ses preuves quand elle est nourrie d'un peu de talent et beaucoup de persévérance. Cette audace a d'ailleurs porté ses fruits comme cela a été démontré – eh oui, encore une fois – par Apple. Je pense à l'inoubliable campagne publicitaire, à la fin des années 1990, avec le slogan « *Think different* » qui, à l'époque, m'a beaucoup inspiré et que je considère encore aujourd'hui comme un vrai étendard de l'innovation, et en même temps un manifeste sur l'inclusion. Tapez « *Here's to the crazy ones* » dans une barre de recherche Internet pour la retrouver. Je vous conseille de la regarder plusieurs fois pour bien digérer chaque mot du message délivré. Pendant que vous y êtes, je vous conseille aussi d'écouter les quinze minutes du discours prononcé par Steve Jobs à l'université de Stanford, Californie, en juin 2005. Cela vous procurera quelques frissons et vous donnera d'incroyables recommandations pour votre futur.

Un autre ingrédient essentiel est à mon avis *l'humilité.* Ou, si vous préférez, la capacité à observer les choses avec les yeux du débutant, même en étant un expert dans un domaine. De ce point de vue, Jeff Bezos a été le grand gourou de ce concept. Il a créé Amazon et construit une organisation avec toujours cette équation en tête : « Un innovateur connaît son domaine mais sait en même temps le regarder avec du recul et un esprit critique, sinon il sera pris dans une trappe de la connaissance qui l'empêchera de voir et d'envisager le futur. » Satya Nadella a fait lui aussi de l'humilité son cheval de bataille lors de son travail de fond pour changer la culture de Microsoft. Sa femme lui avait suggéré de lire un livre de la psychologue Carol Dweck. Celle-ci a étudié les résultats des enfants à l'école, pour ensuite établir une théorie, fort intéressante, sur le *growth mindset*[4], la mentalité de croissance. Elle y démontre que des enfants dotés d'une attitude d'ouverture vers autrui, sans peur du succès des autres et avec l'envie d'apprendre, obtiennent des meilleurs résultats scolaires que ceux qui ont du mal à partager, ceux qui gardent leurs connaissances pour eux-mêmes et qui sont envieux du succès des autres. Satya Nadella

4. Carol S.Dweck, *Changer d'état d'esprit, une nouvelle psychologie de la réussite* – Mardaga, 2010

a appliqué cette théorie à l'entreprise et en a fait la fondation du travail de la transformation culturelle chez Microsoft. Le but n'est pas de classer les uns et les autres comme étant des exemples de *fixed mindset*, de mentalité fixée, ou de *growth mindset*, mais plutôt de comprendre les bienfaits de la mentalité de croissance pour s'analyser soi-même et comprendre comment travailler afin d'avoir plus de succès. Plus de succès avec les autres et non pas en compétition avec eux au sein de l'entreprise, mais aussi dans les écosystèmes dans lesquels l'entreprise se positionne. Un état d'esprit qui, globalement, aide chaque individu et l'ensemble de l'organisation à garder un esprit ouvert à l'apprentissage, au changement, à la transformation et à la recherche collective du succès. C'est pour moi un exemple remarquable. Cela a profondément changé la mentalité des dizaines de milliers de personnes, attiré de nouveaux talents et, in fine, transformé à la fois l'architecture sociale de l'entreprise et son image sur le marché. Ce qui est un succès considérable.

Le troisième ingrédient clé, en lien avec le deuxième, est *l'appétit pour l'apprentissage continu.* Dans un monde de plus en plus rapide et multidisciplinaire, avec des cycles d'innovation qui n'arrêtent pas d'être raccourcis dans tous les domaines industriels, je suis persuadé qu'il est absolument nécessaire de continuer à apprendre tout au long de la vie. Être expert dans un seul domaine n'est plus suffisant, suivre une formation de temps à autre non plus. Il est important d'être méthodique, d'avoir un appétit constant pour trouver au fur et à mesure de nouveaux sujets d'intérêt. Avoir le goût d'aller à la recherche de ce que nous ignorons encore. Cela exige de la discipline: pour lire, se renseigner, étudier certains sujets en profondeur, et ce, à un rythme hebdomadaire. Cela demande d'y consacrer du temps et de l'énergie. Mais je peux vous assurer que, si vous vous engagez dans cette démarche, elle ne sera pas un poids sur votre agenda, au contraire, elle ne pourra que vous soulager, vous enrichir et vous énergiser.

Le quatrième ingrédient est *la créativité*, l'imagination, car comme le disait très bien Albert Einstein: *« L'imagination est plus importante que la connaissance. La connaissance est limitée. L'imagination encercle le monde. »* De toutes les compétences évoquées, celle-ci relève certainement plus d'un talent naturel que d'un savoir-faire qu'il est possible d'acquérir. Mais il y a bien sûr des façons de travailler et de s'améliorer. Cette capacité est celle qui aide à voir les choses avec un niveau d'abstraction permettant de dépasser la connaissance et de sortir des chemins battus de façon naturelle et presque artistique. Les leaders et entrepreneurs les plus innovants et visionnaires possèdent souvent cette force, même s'ils ont besoin de s'appuyer sur des compétences complémentaires de l'équipe qui les entoure pour traduire leur vision en plans et actions exécutables. Il n'en reste pas moins que cet ingrédient magnifie tous les autres. Il fait voir les choses différemment, et potentiellement « plus loin ». C'est un élément fondamental pour créer ce qui n'existe pas encore en permettant des sauts quantiques par rapport à une situation existante. Pour l'innovation disruptive, celle qui permet la création de nouveaux marchés, elle est absolument indispensable.

Le cinquième ingrédient est *l'appétit pour le risque*. Il est rarissime. D'après mon expérience, on peut le cultiver avec des leaders, mais cela demande des années d'exercice pour des résultats très disparates. En Europe, la crainte de l'échec, comme je l'ai souligné dans le prologue, amène les dirigeants de notre continent à être d'excellents gestionnaires. Mais, hélas, trop rarement des vrais capitaines d'entreprise dans le sens le plus aventureux et audacieux du terme. Le système éducatif, surtout en France, rajoute certainement des contraintes psychologiques en utilisant des méthodes vétustes ou obsolètes, parmi lesquelles je citerais le classement des élèves à la fin d'un trimestre. Cela a été une incroyable machine à fabriquer un état d'esprit figé chez les jeunes qui reçoivent peu d'échos de la qualité de leur travail. Ces derniers se retrouvent à la fin de leur cursus scolaire avec peu d'aptitudes à la collaboration, pas suffisamment de courage dans les prises de décision, et une aversion pour le risque.

Le sixième et dernier ingrédient est *la discipline* appliquée au travail. Un élément fondamental, car je n'ai jamais vu de réussite éclatante sans une capacité individuelle et partagée par le plus grand nombre de dévouement à la qualité. Cela se compose de persévérance, de patience, de goût pour la perfection, le tout parfois exalté par un goût pour la beauté esthétique qui est aussi très souvent une qualité des grands leaders et entrepreneurs. Je tiens à souligner qu'il ne s'agit pas du tout de mesurer cette capacité avec la durée du temps de travail. Il est vrai que beaucoup de grandes personnalités du monde de l'entreprise et de la tech sont souvent accros au travail, ou *workaholic*. Mais il y a aussi l'inverse. Les grands leaders qui ont été ou sont en mesure de bien faire la différence entre qualité et quantité et qui ont été ou sont tout à fait capable d'aligner l'exigence de qualité au travail avec l'exigence d'une gestion d'agenda équilibrée. On dit souvent que le succès d'une idée est dû pour 10 % à la qualité de la stratégie et pour 90 % à la qualité de l'exécution. C'est exactement ce qui se passe dans la tech. Il est relativement facile d'avoir une bonne idée, ou même de la copier sur quelqu'un d'autre. Mais la capacité de tout mettre en place, à la bonne vitesse et d'arriver à faire grandir une activité avec rigueur, exigence, agilité et vélocité, reste une vraie prouesse. Elle réussit, d'ailleurs, dans relativement peu d'opérations.

En regardant le futur qui nous attend, je pense très sincèrement que nous devons reprendre la main de manière ferme sur nos systèmes nationaux pour éveiller, notamment dans les nouvelles générations, une culture de l'innovation et de l'entreprenariat. Et appliquer ensuite ce nouvel esprit sur toutes les filières industrielles. Le faire maintenant permettrait d'avoir un impact sur les prochaines générations. Ne pas le faire équivaudrait à se résoudre à un destin de relatif déclin.

2. La politique industrielle pour favoriser la croissance

En écrivant cet ouvrage, j'attendais, presque avec des palpitations, le moment d'arriver à ce paragraphe. L'un des sujets qui me tient le plus à cœur depuis très longtemps. Quand j'avais 15 ans, je passais mon temps à lire le quotidien d'information *Il Sole 24 Ore.* J'observais toujours avec beaucoup d'admiration ce que la France arrivait à faire avec une politique industrielle délibérée qui poussait les entreprises françaises à la conquête du monde, tout en les invitant aussi à fusionner pour atteindre une masse critique de niveau mondial. Vue d'Italie, cette démarche semblait non seulement juste mais courageuse et efficace. J'aurais aussi voulu retrouver dans mon pays cette ambition et cette réussite, mais malheureusement le destin des entreprises italiennes n'a jamais été impacté par un choix politique. Certains diront que c'est même mieux comme ça, car cela pourrait avoir des effets néfastes. Je ne fais pas partie des détracteurs persuadés que la politique est toujours la bête noire du business. Au contraire je pense que, quand les deux raisonnent et travaillent ensemble, cela permet des actions plus stratégiques et plus fortes. Mais où est passée cette capacité de la France à avoir de l'influence positive sur l'industrie ? Où est passée la politique industrielle ? Pourquoi d'ailleurs, je me le demande, n'y a-t-il même plus un ministère à part entière qui s'occupe de ce sujet ? En 2022 où tout bouge, où les industries se transforment et se déplacent, quel est le rôle que le gouvernement se donne pour favoriser la croissance du pays ? Et en Europe ? Où est la politique industrielle qui va créer le contexte de croissance pour l'Union Européenne et ses 450 millions de citoyens ?

Nous sommes, hélas, face à un échec assez profond de la politique désormais écartée, à mon sens par son propre choix, de la vie économique de nos pays. C'est gravissime, car l'une et l'autre ne peuvent pas vraiment tourner à plein régime. Surtout dans nos pays européens, qui, pour la plupart, ont toujours fonctionné avec une énorme interdépendance entre décision publique et initiative privée.

Nous parlons toujours de la Silicon Valley comme d'un eldorado inatteignable et non réplicable. On oublie juste qu'il s'agit d'un phénomène relativement récent datant des années 1950. Avant de devenir le siège d'autant d'entreprises de la tech, la baie de San Francisco, une vingtaine d'années auparavant, avait fait l'objet d'énormes investissements de la part du gouvernement des États-Unis dans le domaine de la défense. L'endroit avait été choisi pour son positionnement stratégique sur le Pacifique et pour l'implantation d'universités prestigieuses, comme Stanford et Berkeley, avec la présence d'énormes réserves de talents pour le futur. C'est donc bel et bien une dépense publique qui a créé un contexte favorable pour l'investissement. Beaucoup d'argent et beaucoup de talents, voilà le début de l'histoire de la tech aux USA. Les entreprises qui voulaient faire de l'innovation technologique ont pensé, à juste titre, qu'il était à la fois intéressant et pratique de s'installer dans ce territoire qui avait les moyens d'investir et les talents pour réussir. Et on pense que cela n'est pas réplicable ?

Quels projets vont façonner la croissance, l'innovation et le développement industriel des 50 prochaines années ? Comment prépare-t-on la France et l'Europe du troisième millénaire ? Nous nous contentons d'appliquer des méthodes du siècle dernier pour protéger les consommateurs de potentiels monopoles locaux, en dépit de tout bon sens face à l'économie globale et hyper rapide qui nous entoure. Une mentalité qui est en train de freiner notre croissance. Revenons sur quelques exemples d'aberrations observées ces dernières années avant de faire des propositions constructives et positives.

J'ai déjà eu l'occasion de décrire les contraintes géopolitiques qui constituent le contexte compétitif au sein duquel évolue l'Europe. Elles lui imposent de composer avec des hyperpuissances aguerries qui nous poussent dans nos retranchements depuis des décennies. Des puissances dotées de capacités extraordinaires de produire de l'innovation avec une redoutable capacité d'exécution, de masse critique et de moyens financiers. Malgré cet état de fait vraiment très clair, force est de constater que l'Union européenne a été incapable de dessiner au niveau des 27 une politique industrielle qui permette d'assurer la compétitivité de nos industries. L'exemple le plus récent et connu est le refus de la Commission européenne de valider la fusion entre Alstom et Siemens, au titre d'une prétendue hégémonie que ce nouveau groupe aurait eue en Europe. Il faut être bien myope pour ne pas voir l'aberration de ce choix. Si les USA et la Chine avaient la même mentalité, nous n'aurions aucun leader ou aucune convergence dans le monde de la technologie, chacun des big tech étant une forme de quasi-monopole. On ne peut préjuger de ce qu'il faudrait faire ou ne pas faire pour contraindre ces mastodontes à respecter plus de règles, qui restent par ailleurs à écrire. Mais il est certain qu'un grand groupe industriel européen aurait eu un peu plus de force au niveau global et aurait donc été un très bon véhicule de croissance sur les marchés mondiaux. Peut-être aurait-il permis à l'Europe de devenir la référence absolue dans l'innovation de l'industrie 4.0 (la nouvelle façon d'organiser les moyens de production) et, par la même occasion, inventé les nouveaux standards de la manufacture et de la mobilité terrestre. Qui sait, peut-être serait-il devenu incontournable au niveau planétaire, exactement comme les leaders de la tech le sont aujourd'hui dans le digital. Mais non, nous avons préféré appliquer des règles vieilles de cinquante ans. Quand l'industrie était hyper puissante et les colosses, dans ce secteur, considérés comme des monopoles à éviter.

Un autre exemple que j'aime beaucoup est la presbyopie du régulateur du marché des télécommunications. Il a été décidé, il y a des dizaines d'années, que la bande passante hertzienne de chaque nation était un bien précieux. Elle se devait d'être régulée dans chaque pays avec des règles fortes, des enchères pour l'attribution des fréquences et une série assez époustouflante de règles du jeu pour être « opérateur ». Je ne critique pas ce système. Il remonte à une période où l'Europe avait un vrai leadership dans cette industrie, avec des champions qui innovaient sur les marchés mondiaux (Alcatel, Nokia et Ericsson), ainsi que des opérateurs nationaux très puissants et technologiquement avancés (France Télécom et Telecom Italia, en France et en Italie, et des équivalents dans chacune des nations). Mais c'était au siècle dernier ! Nous avons tourné une page fondamentale avec le digital et une nouvelle révolution industrielle, sans que la régulation n'évolue ! Regardons le résultat. Les USA possèdent 4 opérateurs de télécommunication. Le service est aussi bon qu'en Europe, personne ne se plaint d'un manque de concurrence. Dans l'Union européenne, puisque nous avons laissé la régulation au niveau national, nous en avons plus de 120 ! Avons-nous vraiment besoin de faire 120 fois la même chose pour fournir un service de qualité qui respecte les règles de la concurrence pour les citoyens européens ? L'Union Européenne répresente un marché de 450 millions de personnes, là où les USA sont 350 millions. Puisque le marché est plus grand et le goût pour la concurrence un peu plus élevé, pourquoi ne pas garder, disons, 10 opérateurs ? Plus du double des États-Unis. Cela devrait garantir un bon équilibre sur la qualité et sur les prix. Nous aurions 110 entreprises avec d'énormes talents, parmi les meilleurs ingénieurs de chaque pays, que nous pourrions inviter à inventer des nouveaux produits et services. La 6G ? Un nouveau réseau social ? Cela éviterait à des dizaines de milliers de talents européens de faire 120 fois la même chose : choisir des technologies pour créer une infrastructure, déployer des réseaux avec des investissements importants, définir des offres de services, des tarifs, des stratégies marketing... Voilà ce que j'appelle de la presbyopie économique. Le problème est évident, on devrait le voir, mais cela reste flou pour nos autorités européennes. Nous n'arrivons pas à établir de nouvelles règles du jeu pour favoriser l'agrégation de plus gros opérateurs. Ces derniers feraient d'ailleurs de sérieuses économies d'échelle. Ils auraient peut-être, au passage, acquis la masse critique et les capacités financières pour résister à la vague du cloud qui, au contraire, comme une éruption volcanique, les a complètement ensevelis et momifiés dans le passé. Depuis quelques années, certaines entreprises big tech investissent d'ailleurs dans leurs propres infrastructures de réseau, jusqu'à déployer leur propre fibre noire au fond des océans. Autre démonstration d'un déséquilibre croissant de puissance industrielle.

Un troisième sujet qui me tient à cœur est celui de l'agriculture. Là aussi, nous avons fait pendant des décennies des raisonnements obsolètes et protectionnistes qui sont en train de nous faire dramatiquement perdre en qualité et en compétitivité. L'Europe a toujours considéré l'agriculture comme une industrie en difficulté, donc à « protéger ». Mais en le faisant, dans les bonnes règles de la « prophétie autoréalisatrice », nous avons fait naître un énorme problème. Je l'ai découvert en 2015 quand Milan a hébergé l'exposition universelle. Le thème choisi était le futur de l'alimentation. En étudiant le sujet, je me suis aperçu que donner suffisamment de nourriture de bonne qualité aux 9 milliards de personnes qui seront sur terre d'ici seulement trente ans est une équation compliquée à résoudre. Avec les ressources existantes sur la planète à ce jour, cela semble bel et bien impossible à réaliser. Voilà une des grandes inconnues d'aujourd'hui et de demain, notamment puisque cette équation rentre en résonance avec les enjeux climatiques et de biodiversité. Chacun des deux problèmes devenant encore plus aigu à cause de l'existence de l'autre.

À cette période, je comptais parmi mes clients Case New Holland. Un des colosses qui produisent des machines de production agricole et de travaux publics dans le monde. En travaillant avec eux, j'ai appris le fonctionnement de l'agriculture de précision. J'ai donc approfondi toute l'innovation que le cloud et l'intelligence artificielle pouvaient apporter à l'agriculture pour améliorer son efficacité, sa rentabilité. Y compris en permettant de cultiver des zones de la terre considérées plus problématiques, car comportant moins de ressources naturelles. J'ai découvert avec une énorme surprise que ces nouvelles technologies étaient adoptées par des pays nettement moins en avance dans ce domaine industriel. Là où les pays européens avaient des systèmes archaïques et protectionnistes ne permettant pas à ces nouvelles technologies de s'imposer. J'y vois un autre manque de vision stratégique.

Nous dépensons encore des centaines de milliards tous les ans pour protéger l'agriculture en l'état. Plutôt que de dépenser les mêmes milliards, et peut-être d'ailleurs plus, pour la transformer radicalement et la préparer aux défis de demain ! C'est tout à fait inacceptable dans le monde dans lequel nous vivons. Nous devrions faire de cette industrie le fleuron de l'Europe. Nous devrions avoir les meilleures technologies, les modèles économiques les plus efficaces, produire les meilleurs produits avec la plus grande efficacité, établir les nouveaux standards de la production respectueuse de l'environnement, garantir la meilleure rémunération pour les travailleurs, et ensuite exporter l'ensemble avec orgueil. Au lieu de ça, nous maintenons un statu quo. Je me garde bien de critiquer nombre d'agriculteurs, à qui je tire mon chapeau, qui l'ont déjà compris et qui sont en train de faire leur propre révolution en matière de technologie et de méthode.

Sans rentrer dans des discussions politiques sur la gouvernance européenne, et ce que nous pourrions ou devrions faire pour la renforcer, je souhaite pour l'instant rester dans un raisonnement purement économique. Je vous livre un quatrième exemple avec l'objectif de nous orienter vers une solution. Regardons ce qui vient de se passer avec la crise sanitaire du Covid-19. 2020 et 2021 ont été des années exsangues pour la croissance économique de la zone euro. En 2021, nous avons au mieux récupéré ce que nous avions perdu en 2020.

À la demande vigoureuse de certains pays, y compris la France et l'Italie, l'Europe a répondu avec un plan de relance d'environ 800 milliards d'euros. Je ne vais pas rentrer dans une discussion sur le montant, nous pourrions y passer beaucoup de temps ! Disons juste que la somme est énorme en regard du passé, et relativement modeste par rapport à ce qu'ont fait les États-Unis. L'ordre de grandeur de 800 milliards, juste un petit peu moins d'un trilliard, est intéressant. Le groupe énergétique italien Enel a publié en septembre 2021 une analyse très riche et détaillée de la situation, pays par pays, de la transition énergétique par rapport aux ambitions définies lors de la COP 21 en 2015. L'étude va plus loin. Au-delà d'un constat sur le retard dans chaque pays, elle propose un calcul très approfondi des investissements nécessaires pour combler tous les retards en temps et en heure. Et donc se présenter au rendez-vous avec notre destin immédiat en meilleure condition possible. L'étude se conclut avec une analyse démontrant que l'investissement nécessaire pour être au rendez-vous de 2030, s'il démarrait sans tarder, générerait une forte croissance du PIB européen sur des nouvelles filières de l'énergie et du développement durable. Cela donnerait en seulement quelques années des résultats très positifs, avec un retour économique qui serait vertueux pour la zone euro. Mais le plus intéressant de l'étude est peut-être le chiffre suivant : cet investissement serait de 3 trilliards.

Je vous soumets ma question, certes, de manière rhétorique et provocatrice. Comment est-il possible de réussir à trouver 800 milliards en quelques semaines pour résoudre un problème important, mais certainement éphémère, de croissance anémique ? Alors que la même gouvernance n'arrive pas à prendre une décision bien plus importante et structurante. Pour trouver comment réunir, certes, quatre fois plus d'argent. Mais permettez-moi de dire : *seulement quatre fois plus d'argent ? Pour résoudre une équation planétaire dont dépend notre destin ?* Celui des futures générations et, in fine, la survie de la planète tout entière ?

C'est bien selon moi le rôle de guide stratégique que l'Europe devrait jouer. Harmoniser les règles du jeu, mais surtout être capable de relancer la machine de production industrielle européenne. Avec des investissements bien orientés, en s'assurant que l'effort soit bien concentré avec les bons projets, la bonne vitesse, la bonne masse critique et la bonne cohérence sur les filières les plus porteuses pour le futur. Ce que la Chine est ni plus ni moins en train de faire. Je demande juste que nous le fassions avec la même volonté de réussite, la même lucidité sur les enjeux. Et avec plus de responsabilité et de sagesse vis-à-vis de ce que nos voisins sont en train de démontrer.

Une politique industrielle délibérée et bien financée serait la réponse, attendue et nécessaire, de l'Europe pour une croissance socialement éthique et responsable à long terme. Elle permettrait de créer une vraie différence : réimaginer pour nous et pour le reste du monde les industries qui nous sont chères et qui constituent notre héritage industriel de plusieurs siècles. Les services financiers, le manufacturing, la mobilité, les transports, l'énergie, l'eau, les déchets, la distribution, l'agriculture, l'alimentation, le luxe, la santé, les médias, les télécommunications, l'architecture, le design, l'art et la culture du troisième millénaire. Une récente décision d'investissement de 40 milliards d'euros de la part de l'UE pour redonner de la vigueur à la filière des semi-conducteurs est un premier pas, certes petit, mais au moins dans la bonne direction, que je souhaite saluer.

Je reconnais qu'il est plus compliqué de se mettre d'accord à 27, alors que le pouvoir monolithique du gouvernement chinois décide seul de tout. Mais nous devons une fois pour toutes arrêter de nous cacher derrière cette difficulté. Et étudier les solutions pour arriver à de meilleurs résultats. Si cela passe par la transformation de la gouvernance, il est urgent de s'y employer. Ce sujet devrait d'ailleurs être le vrai débat de toute échéance électorale majeure dans chacun des pays de l'UE responsables et mûrs. C'est la seule question fondamentale pouvant résoudre tous les autres problèmes, de croissance, de bien-être collectif, d'emploi, de sécurité et d'identité. Ne devrions-nous pas dépasser le concept de pays tel qu'il est défini aujourd'hui ? *Enfin donner plus de pouvoir, de responsabilité et de moyens à l'Europe pour permettre de résoudre avec un vrai poids et une vraie efficacité nos problèmes une fois, plutôt que de les maltraiter 27 fois ?* Avoir un projet commun, et s'en sortir par le haut, au lieu de passer notre temps à nous occuper de résoudre 27 fois des microproblèmes qui sont les mêmes dans tous les pays.

L'Union européenne se doit d'être à la pointe dans une politique de croissance en se donnant les moyens d'une ambition forte. La transformation est complexe et la vitesse époustouflante partout ailleurs dans le monde. J'en appelle à l'intelligence de nos femmes et de nos hommes politiques qui doivent remettre ce sujet majeur au cœur des discussions, non seulement à Bruxelles et Strasbourg mais aussi au niveau national. Sans affronter les vrais problèmes, nous ne trouverons pas les vraies bonnes solutions. Notre futur et celui de la planète en dépendent. Devons-nous attendre une énième crise majeure pour nous redonner l'envie de construire une Europe plus forte ? N'avons-nous pas déjà en notre possession les éléments clés de décision pour enclencher cette inflexion ?

3. Les nouvelles frontières de l'éthique

Dire que le numérique est devenu une composante incontournable de nos vies est une évidence. Nous connaissons aujourd'hui une accélération de nos usages digitaux qui a permis à de nombreuses organisations de rester efficaces tout au long de ces deux dernières années, si critiques pour l'économie et la société. Nous savons en même temps que cette accélération est proportionnelle aux dérives et menaces elles-mêmes corollaires.

D'un côté, nous accueillons favorablement cette vitesse décuplée d'innovation technologique susceptible de résoudre les grands défis de la planète, toujours plus urgents et toujours encore plus nombreux. D'un autre côté, nous devons continuer à nous protéger, car, parfois par naïveté et souvent par méconnaissance, nous sommes dépassés, voire piégés, par ce rythme constant de nouveautés.

Transparente et ouverte, la technologie doit être un prolongement de l'humain au service de l'humain, mais ne doit en aucun cas constituer une fin en soi.

Pour bâtir un numérique éthique et durable, il ne peut y avoir à mes yeux d'innovation sans protection. L'une ne va pas sans l'autre. On doit pouvoir innover en matière de récolte et d'utilisation des données, sans pour autant les exploiter au détriment des individus. On doit pouvoir permettre à chacun de s'exprimer sur les réseaux sociaux sans pour autant se voiler la face devant les excès possibles de la déconnexion du réel, du harcèlement en ligne (en particulier des plus jeunes) ou de la propagation des fake news.

Je suis convaincu que la « nouvelle frontière » de l'éthique pour les acteurs du numérique ne doit pas être celle du business que l'on fait, mais plutôt celle du business que l'on ne fait pas. Ce n'est pas parce qu'une invention est en effet technologiquement possible qu'elle est nécessairement souhaitable. À mesure que la technologie devient plus sophistiquée et joue un rôle prépondérant dans nos vies, Microsoft a adopté des principes afin de s'assurer que les technologies qu'elle développe soient inclusives, équitables, fiables et transparentes. Elle a mis en place aux États-Unis, dès 2016, un comité consultatif interne Aether afin de conseiller l'équipe dirigeante sur les défis et les opportunités liés aux innovations en matière d'IA. En France, nous avons également décidé de fonder en 2018 Impact AI. Un collectif de réflexion et d'actions constitué d'un ensemble d'acteurs de l'intelligence artificielle, réunis autour de deux objectifs communs : traiter des enjeux éthiques, et sociétaux de l'IA et soutenir des projets innovants et positifs pour le monde de demain.

Force est, cependant, de constater que les dérives dans le domaine abondent. Il m'apparaît urgent de préserver le caractère émancipateur des nouvelles technologies grâce à la mise en place de trois principes structurants.

D'abord, *l'éducation*. Il en va de notre responsabilité individuelle et collective. Il est nécessaire que chaque citoyen prenne conscience dès le plus jeune âge du potentiel des technologies, en comprenne les enjeux et arrive à se créer une conscience aiguisée afin de les utiliser sans excès ni abus. Chacun doit être à même de s'informer pour une pratique avisée des outils à disposition afin d'en tirer le meilleur. Les acteurs du numérique et les pouvoirs publics doivent également s'impliquer formellement dans ce travail d'apprentissage continu. Je suis très fier de notre action en faveur de la jeunesse que nous avons menée avec l'association Unis-Cité. Nous avons soutenu la mission de service civique « Jeunes Citoyens du numérique ». Grâce à ce programme de sensibilisation, nous avons contribué à favoriser l'acquisition de compétences numériques, de connaissances en matière de code ou d'IA auprès d'élèves de primaire et de collège dans toute la France. Mais aussi de contribuer à valoriser leur esprit critique, leur capacité à s'interroger et à se questionner sur le numérique.

Ensuite, *la responsabilité*. Les entreprises qui fabriquent ces nouvelles technologies doivent savoir s'autoréguler quand les droits humains fondamentaux ne sont pas préservés. Présumer avoir un business model vertueux est une erreur. Les entreprises du numérique doivent systématiquement évaluer la pertinence de leur business model en ne se fondant pas uniquement sur le critère de la rentabilité. Elles doivent même, selon moi, renoncer à développer un business model éthiquement discutable même s'il est rentable. Réunir des comités de parties prenantes afin de prendre les bonnes décisions peut constituer une réponse pour ne pas avoir à regretter certains choix technologiques. Car, in fine, ce sont ces choix faits en amont qui seront jugés.

Enfin, *la coopération*. Les vagues technologiques se succèdent de plus en plus rapidement. Il est crucial que des dialogues, des partenariats entre entreprises, mais aussi entre le privé et le public, se nouent en permanence. Cette intensification des échanges est fondamentale pour une maîtrise constante des technologies déployées auprès du plus grand nombre. Ce sont ces synergies, cette communauté de valeurs qui permettront à chacun d'élever son niveau de jeu et, donc, de contribuer à développer un numérique sûr et durable.

Fort de ce triptyque éducation + responsabilité + coopération, le numérique de confiance que j'appelle de mes vœux remplira sa mission réelle : contribuer à soulager l'humanité de ses maux. Le numérique a en effet un rôle essentiel à jouer face aux équations majeures auxquelles nous sommes confrontés.

L'accès pour tous à l'éducation, la lutte contre les inégalités ou le réchauffement climatique ainsi que l'ensemble des défis mondiaux déclinés par les Nations unies au travers des 17 objectifs de développement durable.

Le numérique a tout à gagner à être placé au centre des échanges entre les trois forces qui composent nos nations : citoyens, politiques et entreprises.

Règles du jeu pour l'éthique dans les affaires

À ce jour, les entreprises de la tech ont mis en place des gouvernances très intéressantes sur le sujet de l'éthique en se donnant des règles pour la bonne utilisation des technologies. Certaines, comme Microsoft, l'ont fait dans un élan venu de la direction. D'autres, comme Google, plus sous la pression de leurs employés. Peu importe l'origine de la prise de conscience, il est intéressant de voir que les grands du numérique se donnent un cadre pour opérer avec intelligence.

Mais où sont les gouvernements ? Où sont les think tank et les associations qui poussent la réflexion plus loin ? Est-ce normal que la gouvernance de l'éthique, dans l'utilisation des technologies, soit portée, dessinée et améliorée par les fournisseurs eux-mêmes ? Voilà un problème majeur à mes yeux.

Prenons un exemple pour établir un parallèle. Le gouvernement français a fait voter il y a quelques années la loi Sapin 2 qui encadre la gouvernance des processus anticorruption pour les entreprises. C'est un bel exemple de création de contexte et de contrôle. Pour régler le problème de la corruption, un État, normalement, établit des règles. Il demande aux entreprises de s'y soumettre. La confiance n'excluant pas le contrôle, il se laisse la possibilité de venir faire des audits pour vérifier avec quelle intelligence et avec quelle discipline elles gèrent ses risques. En cas de défaillances, il n'est pas exclu d'écoper de pénalités financières. Ce processus est optimisé pour garder une tension positive sur le sujet et pour permettre aux entreprises de se focaliser sur l'implantation des modes de fonctionnement d'amélioration continue. C'est un très bel exemple de cadre juridique, la corruption est un sujet grave qui mérite cette attention.

La diffusion de l'intelligence artificielle au sein des organisations est aussi un sujet extrêmement profond. Il entraînera des conséquences notables sur l'organisation du travail, sur les emplois, sur la gouvernance d'entreprise, sur les droits et les devoirs des employés, et sur la transformation de l'économie mondiale tout court. La bonne utilisation de l'intelligence artificielle ne peut pas, à mon avis, être déléguée aux seules entreprises sans cadre et sans contrôle.

Chaque nation a la responsabilité de mettre en place l'équivalent de la loi Sapin 2 pour l'intelligence artificielle et d'ailleurs il serait encore plus intelligent d'enclencher ce mouvement au niveau de l'Union Européenne, pour le réaliser à l'unisson au sein des 27 pays. Avec la création d'un cadre, évolutif et actualisé, qui deviendrait une règle et une référence sur un marché. Un cadre auquel les entreprises seraient tenues de se conformer. Encore une fois, l'État devrait être en mesure d'effectuer des audits sur la gestion des risques liés à l'utilisation de la technologie et, donc, de promouvoir un cycle continu de prise de conscience et d'amélioration.

Un focus différencié devrait être appliqué dans deux cas de figure. Un cas « unitaire » : pour une entreprise qui développe l'IA pour ses propres besoins. Et un cas « systémique » : pour les entreprises dont le métier est de développer des technologies ou des solutions d'IA vendues à plusieurs clients. Les deux motifs sont importants et méritent d'être encadrés. Étant donné son impact plus global, je dirais que le second est plus urgent et devrait être la priorité.

Les sujets délicats ne manqueront certainement pas dans les années à venir. Nous avons déjà, depuis plusieurs années, commencé à voir un débat émergeant sur un bon nombre d'entre eux. En voici une liste non exhaustive pour votre réflexion : la reconnaissance faciale, la transparence des algorithmes, l'équité dans les résultats des calculs et l'équité dans les données sous-jacentes, la méthode pour expliquer les résultats de l'IA, l'utilisation de l'IA pour les applications de défense et d'espionnage, l'IA et l'antiterrorisme, l'IA et la détection et la répression des fraudes, les algorithmes et l'équité, l'IA et la confidentialité des données des consommateurs, l'IA et l'emploi, l'IA et le respect de la personne.

Sans rentrer dans le cœur de chaque discussion, je cite ces sujets pour encore une fois souligner que, au vu des enjeux économiques, sociaux et sociétaux, cela demande urgemment une plus grande compétence et une plus forte attention de la part des gouvernements. *Car, dans une démocratie, c'est bien aux institutions de permettre la réflexion sur les conséquences de l'innovation sur la société et la constitution de réponses adaptées pour encadrer le développement industriel dans le respect des droits des citoyens.*

Je vous invite d'ailleurs vivement, en guise d'approfondissement, à lire le deuxième livre d'Aurélie Jean, *Les Algorithmes font-ils la loi ?*[5] La scientifique y parle de la nécessité de comprendre le fonctionnement des algorithmes existants et potentiellement en développement pour permettre l'établissement d'un cadre juridique « juste et judicieux ».

5. Éditions de l'Observatoire, 2021.

4. Le cadre juridique dynamique

Depuis des siècles, et du fait de la nature intrinsèque de la matière qu'elle traite, la loi a toujours encadré un sujet critique avec une certaine latence. En quelque sorte, la loi « suit » le problème au lieu de l'anticiper. Cet état de fait est passionnant quand on le confronte aux opportunités et aux menaces que le développement ultra rapide du digital a mises sur le devant de la scène. Prenons un exemple simple et parlant.

Au temps où les transports dépendaient majoritairement des chevaux, le nombre d'accidents de la route était relativement bas. Personne n'a vraiment ressenti le besoin d'établir les règles du jeu pour éviter que deux chevaux ou deux calèches se percutent à un croisement. À la suite de la première révolution industrielle, avec l'apparition des premiers véhicules motorisés, une plus grande densité dans les villes et probablement un manque de maîtrise de la part des nouveaux conducteurs, le nombre croissant d'accidents de la route a commencé à inquiéter la population. Que diable cette innovation où les véhicules peuvent constituer un vrai danger pour les citoyens ! Des personnes très éduquées se sont réunies autour de la table pour définir les règles de ce que nous appelons aujourd'hui le Code de la route. Une série de conventions visant à ce que tous les conducteurs s'astreignent à respecter les mêmes principes quand ils sont au volant. Entre deux véhicules qui se croisent à un carrefour, celui qui vient de droite a la priorité. Tout le monde connaît cette règle, une grande majorité l'applique heureusement, cela évite bon nombre d'accidents.

Combien de morts y a-t-il eu sur les routes avant que cette règle soit codifiée ? Nous n'en savons rien, mais nous pouvons imaginer que nous parlons de milliers, voire de dizaines de milliers, dans le monde. Combien de temps nous a-t-il fallu pour définir cette règle ? Probablement des années, peut-être des décennies avant qu'une solution soit proposée, votée, publiée, connue, respectée.

C'est un exemple parmi plein d'autres. Il vise à expliquer que, quand un problème est détecté et devient une menace récurrente, on légifère alors afin de trouver une solution pour protéger les citoyens. Par nature, ce genre de processus demande une période relativement longue d'observation du problème, suivie d'une phase d'analyse, d'un débat sur la manière de résoudre le problème, puis d'une proposition de loi et d'un vote avant que ladite loi puisse être appliquée. À chaque fois, c'est un parcours qui prend des années au final. Cela est aussi vrai dans le cadre du droit des affaires et des règles sur la concurrence.

Je pose ici la question suivante. Dans le monde que nous avons connu, issu de trois révolutions industrielles, le temps de résoudre des problèmes d'un point de vue législatif – de quelques années – n'a pas créé de problèmes majeurs. Les cycles d'innovation s'étalaient sur une décennie, le cycle de la loi était donc en quelque sorte compatible. *Mais dans le monde d'aujourd'hui, dans lequel les innovations arrivent en quelques semaines, où de nouveaux marchés globaux se façonnent en moins d'un an, est-il encore possible d'attendre cinq ou dix ans ?*

Que se passe-t-il en cinq ans dans le monde de la technologie ? TikTok et Snapchat apparaissent, ou une nouvelle cryptomonnaie, ou encore une autre solution pour faciliter la vie. En cinq ans, elles ont le temps de s'imposer comme un service absolument hégémonique. Sans qu'un seul État ait eu le temps de se poser la moindre question sur son business model, sur son impact social ou sociétal, sur le respect de règles d'éthique. Et, encore moins, sur des critères de respect des principes de concurrence loyale. Pourquoi ? Parce que le marché n'existe pas encore tout à fait, qu'un seul fournisseur s'est lancé comme un missile dans le ciel économique et a créé la surprise !

Il est absolument primordial de comprendre l'importance de ce problème. *La plupart des grandes polémiques autour des champions du numérique ne sont pas basées sur le fait qu'ils ne respectent pas une loi. C'est plutôt à chaque fois lié à des règles que la société voudrait voir appliquées. Elles sont souvent en effet souhaitables, mais elles n'existent pas.*

Ces opérateurs ont développé un modèle en l'absence d'un cadre. Puisqu'ils ont inventé un modèle, le cadre ne pouvait pas être établi avant le modèle lui-même. Le problème est qu'il faut probablement une décennie pour l'établir. Entre-temps, le modèle peut prendre des formes complexes et variées qu'il devient de plus en plus difficile d'encadrer. Je vais prendre un exemple pour simplifier la compréhension du principe.

Facebook a été inventé à une époque où l'idée des réseaux sociaux n'existait pas encore vraiment. Ce n'était donc pas un outil qui venait s'ajouter à d'autres dans un marché connu. C'est une solution qui a émergé et qui s'est imposée en créant par la même occasion un nouveau marché. La diffusion assez incroyable de Facebook et le succès de cette entreprise ont démontré un vrai enthousiasme de la part des utilisateurs. Ils y ont vu la possibilité de se connecter à des amis, d'en retrouver, de participer à des communautés, de faire de nouvelles connaissances. Soit, en quelque sorte, d'élargir leur sphère sociale grâce au monde virtuel (et nous ne sommes qu'au début du phénomène, si l'on pense au concept de « métavers » dont nous avons parlé un peu plus tôt). Ce besoin n'était pas explicite avant l'arrivée de l'outil, il était latent, c'est bien ça la définition de création d'un nouveau marché. Facebook a trouvé un créneau incroyable pour satisfaire un besoin social croissant et encore inexprimé jusque-là.

Facebook respecte les règles du jeu établies par tous les États dans lequel il opère. Nous ne pouvons pas remettre ce point en cause, ce ne serait pas sérieux. La plateforme, reconnaissons-le, a commis des erreurs de jeunesse ici et là, peut-être trop souvent, mais jamais nous ne pourrions la soupçonner de vouloir s'écarter d'un comportement respectueux vis-à-vis de la loi. Je connais personnellement beaucoup de talents qui travaillent pour Facebook, ce ne sont pas des personnes de moindre intégrité. Facebook a créé des services avant que ceux-là soient encadrés par une loi spécifique. Quinze ans après, personne n'a d'ailleurs rédigé des normatives claires et modernes pour définir les règles du jeu du marché des réseaux sociaux.

Prenons du recul par rapport à ce que nous savons aujourd'hui. Attention, il est plus facile, une fois encore, de le dire maintenant qu'il y a juste cinq ans. Facebook peut avoir un impact social parfois négatif sur certaines populations, en particulier sur les jeunes et sur les personnes mentalement plus influençables. Ce n'est pas encadré par une loi. Facebook peut avoir un impact sur une élection présidentielle. Ce n'est, là encore, pas encadré par une loi. Facebook a le droit de demander une licence bancaire et d'inventer une monnaie. Rien dans la loi ne l'en empêche.

Est-il souhaitable qu'un outil digital puisse créer de la dépendance pour certaines audiences ? Je pense que non.

Est-il souhaitable qu'un outil de gestion de communautés devienne la première source au monde d'information, sans être soumis aux règles de la presse et sans obligation de suivre la déontologie si essentielle pour le travail des journalistes ? Je pense que non.

Est-il souhaitable qu'une entreprise avec une telle influence médiatique, et dont le modèle est basé sur la fourniture d'un service gratuit avec une monétisation par des contrats publicitaires, puisse devenir un acteur du monde financier ? Je pense que non.

Les trois réponses que je viens de donner sont simplement *mon avis personnel.* Ce n'est pas encadré par une loi ni en France, ni aux États-Unis, ni ailleurs. C'est d'ailleurs bien le problème. Le bon sens voudrait que cela soit la réponse de tout le monde. Mais au moment où j'écris, il n'existe pas encore de cadre précis. Là où je pense que certaines activités de Facebook ne sont, ou ne seraient, pas souhaitables, d'autres pourraient avoir un avis différent. Et se dire qu'ils ont beaucoup plus confiance en Facebook pour gérer leur argent que telle ou telle banque locale, qu'ils sont ravis d'avoir des informations de façon démocratique et pas filtrée par des journalistes, et ainsi de suite. *C'est bien une question de société, de réflexion profonde à avoir, de débat, de décision et de cadre juridique à mettre en place.*

Mes amis de Facebook ne m'en voudront pas d'avoir utilisé leur entreprise comme exemple. Encore une fois, je suis le premier à soutenir qu'ils sont dans la légalité. Même s'il est fortement souhaitable qu'ils se donnent eux-mêmes plus de règles et de limites. Mais, dans mon propos, je questionne le cadre juridique lui-même, ainsi que la lenteur des nations pour en créer un moderne et adapté au monde d'aujourd'hui. J'aurais pu prendre d'autres exemples avec Twitter, Google, Amazon, etc. La création de toutes ces entreprises a été relativement rapide par rapport à la réponse législative. On commence depuis trois ans à peine à traiter des sujets fiscaux et des mécanismes très asymétriques que ces entreprises peuvent utiliser pour décider comment gérer leurs profits. Là où, en fait, il y a tellement d'autres sujets à traiter.

Sans rentrer dans le détail de telle ou telle entreprise, laissez-moi proposer une structure pour la réflexion. Dans les paragraphes qui suivent, voici quelques questions que les régulateurs devraient se poser, à mon humble avis, pour redéfinir le concept même de *marché digital avec une concurrence loyale et responsable* au XXIe siècle. À la suite de la crise déclenchée par les subprimes et la faillite de Lehman Brothers, les régulateurs ont redéfini ce qu'une banque peut faire. Le niveau de transparence avec laquelle elle doit le faire et, in fine, la mise à facteur commun de certaines informations relatives au consommateur final afin de baisser le risque systémique de l'industrie. Ma proposition consiste justement à établir des nouvelles règles pour ce qu'il serait possible ou pas de faire dans le monde du digital. Afin de permettre un bon niveau de compétition, de la transparence, et un juste équilibre entre la production de richesse par les entreprises et la maîtrise par les consommateurs de leur vie, de leurs données, de leurs temps, de leur équilibre mental, de leur argent. Et, plus que tout, de leur libre arbitre.

Les potentielles menaces pour la concurrence

Une première réflexion à propos des métiers qui se mélangent de façon parfois dangereuse dans les modèles de business des entreprises de la tech. Voilà une liste d'offres en binôme qui, aujourd'hui, se retrouvent souvent fournies par une même entreprise et qu'il serait souhaitable d'évaluer dans une optique de concurrence. Exactement comme quand, en 1995, l'Union européenne avait infligé à Microsoft une amende mémorable pour avoir en quelque sorte imposé son Internet Explorer comme navigateur associé à l'OS Windows. Une amende suivie d'une interdiction de favoriser ses propres produits sur sa plateforme. Si cette décision était juste à l'époque, pourquoi nous ne nous posons pas la même question sur bien d'autres binômes. Tous avec une dangerosité certaine vis-à-vis du concept de concurrence. Dont plusieurs, à mon avis, sont largement plus dangereux par rapport à la propriété du navigateur internet.

Binômes B2C

- OS d'un dispositif et store d'applications.
- OS d'un dispositif et outil de recherche.
- OS d'un dispositif et applications B2C propriétaires.
- OS d'un dispositif et réseau social.
- Outil de recherche et réseau social.
- Outil de recherche et actif connecté monétisé via de la publicité.
- Outil de recherche et e-commerce.
- Réseau social et e-commerce.
- Réseau social et monétisation via la publicité.

Binômes B2B ou B2B2C

- OS d'un dispositif et applications B2B propriétaires.
- E-commerce et cloud pour d'autres plateformes e-commerce.
- OS (front) et cloud (back).
- Cloud IAAS/PAAS et cloud(s) SAAS.
- Actif connecté monétisé via de la publicité et plateformes de gestion et évaluation de campagnes marketing.
- Données de consommateurs recueillies via actif connecté monétisé via de la publicité et proposition de cloud, data

et informations analytiques à fournir à des entreprises qui produisent des biens de consommation.

- OS et offre collaborative.
- Offre collaborative et cloud IAAS/PAAS.
- Offre collaborative et systèmes de gestion de ressources d'entreprise (ERP).
- Cloud et media.
- Cloud et entertainment.
- Cloud et gaming.
- Cloud et… chaque marché vertical !

Chacun de ces binômes est un cas en lui-même, et ce n'est pas à moi de dire s'ils sont ou pas acceptables. Je souhaite encore moins les mettre sur un même plan de dangerosité, car, assurément, certains sont beaucoup plus pernicieux que d'autres. Il n'est pas simple de classifier les offres, de définir des lignes de démarcation et de légiférer en la matière. Qui peut dire si chaque binôme a le droit d'exister au sein d'une seule entreprise ?

Cependant, je peux affirmer cinq choses fondamentales relatives à toutes ces intersections de portefeuille :

1. À chaque fois que, sur une moitié du binôme, l'entreprise possède une part de marché prépondérante (disons entre 40 % et 50 % ou plus), l'entreprise est en train de promouvoir la seconde offre avec une position dite de *gatekeeper*, ou de gardien. C'est-à-dire avec un accès au marché

« restreint », car il faut passer par eux (ou par un nombre très limité d'alternatives). Le fait d'être (presque, ou tout à fait, en fonction des cas) incontournable sur une offre lui permet d'en pousser une seconde. Mais rien ne nous dit que le prix pour le client, de la première ou de la seconde offre, soit le juste prix. Qui, lui, pourrait être le fruit d'une concurrence plus intense et variée.

2. Pour toutes les offres de service dont la qualité dépend des volumes de données sous-jacentes, nous ne nous posons pas suffisamment la question de savoir à qui appartiennent les données. Nous laissons des profits se faire, sans rémunération aucune et sans cadre juridique assez précis pour ceux (consommateurs ou entreprises) qui « donnent » les données. Souvent une partie du binôme est d'ailleurs une offre gratuite pour l'utilisateur qui, sans s'en rendre compte, communique des informations qui aident à la création du service. Dans un certain nombre de cas, l'entreprise de la tech peut se faire rémunérer la qualité de la seconde partie d'un binôme en ayant cumulé la propriété de données avec une première offre gratuite sur la première partie du binôme.
3. Chacune des intersections, même si elles sont justifiées par les entreprises qui les pratiquent par un fonctionnement fluide et de la création de valeur pour l'utilisateur, crée en réalité une forme de monopole qui empêche l'émergence de plateformes alternatives. Avec donc des barrières à la concurrence, à l'innovation et au juste prix.

4. Chacune de ces intersections, tout en proposant de la fluidité, limite en grande partie le choix de l'utilisateur. De fait, cela limite le libre arbitre du consommateur (B2C) et/ou la liberté de choix pour l'entreprise (B2B). Alors que rien n'est plus facile aujourd'hui que de créer de la fluidité entre différentes applications via des API et des ergonomies appropriées, même si les services viennent de fournisseurs différents.
5. J'ai parlé de binômes, mais parfois certaines entreprises de tech ont non pas deux offres en intersection, mais trois, quatre, cinq ou plus. Tous les raisonnements précédents, bien sûr, créent une position dominante exponentielle au développement des intersections de portefeuille.

J'ai choisi un premier exemple simple sur un des binômes pour détailler mon propos. Aujourd'hui, quand nous achetons un ordinateur, nous avons deux types d'applications. Celles que nous « exécutons » sur le poste de travail pour les installer et celles que nous trouvons dans la boutique Windows 10 (ou 11 maintenant). Quand nous avons un iPhone, nous allons dans l'Apple Store. Quand nous avons un Android, nous allons dans le Google Play store. Je voudrais comprendre à quoi cela sert d'avoir toutes ces applications. Pour l'utilisateur final, ce qui compte, c'est l'utilisation du service. Il est complètement inutile que ce service soit décliné sur trois ou quatre OS différents. Pour une entreprise qui développe le service, le faire pour plusieurs OS et le proposer sur des stores différents est juste une augmentation des coûts. En quoi cela correspond-il à une création de valeur ? C'est une guerre de parts de marché et de profits entre géants du numérique, cela n'ajoute rien à l'économie, ni aux utilisateurs. Quelle serait la solution ? Une simple règle, pour le coup obligatoire, d'interopérabilité à 100 %. Quand j'achète un dispositif, son OS ne m'oblige pas à recourir à un store en particulier. Nous pourrions avoir une app iOS dans Windows ou dans Chromebook, et vice-versa des applications Android sur un Mac, et ainsi de suite. Le consommateur aurait le choix et de la qualité, mais pas de contraintes. Les entreprises qui développent un service digital pourraient le proposer dans un store qui deviendrait universel, car disponible sur les différentes plateformes, sans duplication de coûts. Un service rendu aux utilisateurs qui coûterait moins à toutes les entreprises.

Un autre exemple avec Amazon qui a accumulé au fil des années des informations sur nos achats, et qui possède donc une capacité « supérieure » pour classifier un utilisateur et lui proposer ensuite une offre qui lui convienne. Les informations qu'Amazon possède sont, certes, légales, car nous avons accepté ses règles du jeu en utilisant la plateforme. Mais que faisons-nous quand ces informations deviennent fondamentales pour proposer, par exemple, du contenu média ? Et surtout quand Amazon devient lui-même un producteur de médias ? L'utilisateur est-il au courant que la donnée gratuite qu'il a mise à disposition d'Amazon est utilisée pour produire un service désormais payant ? Qui décide de la rémunération et de la monétisation de cette donnée ? Par ailleurs, n'y a-t-il pas un problème de concurrence par rapport à un fournisseur de contenu qui, lui, n'a pas la plateforme e-commerce, ni de cloud ? Et que dire des récentes velléités des big tech vis-à-vis des studios de Hollywood ? Est-ce que cela va encore créer une concentration qui biaise la concurrence ?

Un troisième exemple est également capital. Si vous avez essayé d'entreprendre, ou si vous connaissez quelqu'un qui l'a fait, sur des produits B2C, posez-vous la question suivante : est-il possible aujourd'hui de faire connaître un produit au plus grand nombre via des canaux digitaux sans passer par Google et Facebook ? Question rhétorique, me direz-vous ! C'est impossible. Alors, nous devons nous rendre compte que l'offre très efficace que ces deux mastodontes proposent est la seconde partie d'un binôme, construite sur une première offre gratuite que nous-mêmes alimentons en données. Est-il opportun de devoir passer par seulement deux entreprises pour faire connaître un produit ? Est-ce une bonne définition de large choix et de concurrence loyale et transparente ? Sommes-nous en train de payer le juste prix ? Ce mécanisme est-il le plus efficace pour faire fonctionner une économie ? Est-ce normal de payer ce service à une entreprise qui a obtenu les informations nécessaires pour produire ledit service avec une offre gratuite ? Qui plus est, une entreprise qui a une part de marché monopolistique et qui ne rémunère pas l'acquisition de ces données. Certes, la loi le permet, mais est-ce vraiment souhaitable ? Je vous suggère de lire, si vous avez envie d'approfondir le sujet, l'essai *L'Âge du capitalisme de surveillance*[6], de Shoshana Zuboff, professeure émérite de la Harvard Business School. Elle y traite justement de l'utilisation des données personnelles pour développer des modèles prédictifs qui servent des intérêts business, et ce, à l'insu des utilisateurs.

Pour ma part, je souhaite un monde avec *une offre large, variée et complètement interopérable.* Une offre qui permette à toutes les entreprises de réussir et à tous les consommateurs de pouvoir choisir les outils qu'ils souhaitent utiliser avec une liberté et une conscience totale, sans pour autant devoir renoncer à la qualité du service. Je souhaite que *transparence, équité et concurrence* soient les piliers du marché, que les consommateurs soient protégés des abus de position dominante qui se glisseraient ici et là dans les plis d'un cadre juridique défaillant, car déphasé par rapport à la réalité économique et technologique du moment.

En dressant cette liste de binômes critiques, je ne cherche pas à dire que tout doit être régulé en générant systématiquement des contraintes pour empêcher les entreprises de la tech de proposer des offres, y compris des offres conjointes quand cela fait sens, en innovant et en créant de la valeur pour les utilisateurs. Mon propos est de dire que, sur chacun de ces points, et sur l'ensemble du spectre digital, *nous ne pouvons pas avoir une société naïve qui accepte tout sans se poser les bonnes questions.*

Je veux suggérer qu'il est nécessaire d'aller en profondeur, de comprendre les enjeux, d'établir des règles claires

6. Éditions Zulma, 2018.

et opportunes. Ensuite de les rafraîchir à chaque fois que cela fait sens, de vérifier constamment comment les entreprises opèrent et, le cas échéant, de mettre en place des actions pour contraindre les opérateurs à respecter le cadre juridique. Je ne vois pas pourquoi on ferait ça avec autant de précision pour les opérateurs télécoms avec licences et autorité à la concurrence, et pourquoi on ne le ferait pas avec autant de précision et de pertinence pour les opérateurs de services digitaux.

Ce cadre juridique se doit d'être intelligent et dynamique afin de permettre à la fois une offre saine et complète et, en même temps, une garantie d'usabilité, de qualité, de fluidité et de satisfaction pour les utilisateurs.

Règles du jeu pour les métiers verticaux

J'ai gardé pour la fin le sujet probablement le plus épineux. Cela va en effet bien au-delà des binômes potentiellement anticoncurrentiels sur lesquels les entreprises de la tech se livrent à des guerres de portefeuille. Le sujet des verticaux concerne une autre bataille, que nous avons déjà un peu explorée, mais qui risque de devenir le vrai nerf de la guerre dans quelques années. Une guerre entre entreprises de la tech et entreprises jusque-là considérées comme classiques, avec un historique plus important, plus d'expérience (pour l'instant) sur tel ou tel métier, mais définitivement moins habiles, hélas, sur l'innovation technologique.

Je pose encore une fois une question simple quant au rôle de la régulation des États sur le sujet des industries verticales. Aujourd'hui, l'intensité de la régulation est très variable en fonction de l'industrie verticale. Parfois, elle s'exprime avec un cadre juridique qui définit les attentes par rapport aux qualités des produits et/ou à la qualité des processus pour obtenir les produits. D'autres fois, elle pose plus de contraintes. Jusqu'à l'attribution de licences émises par l'État pour opérer, y compris avec des restrictions en termes de nombre d'opérateurs. *Force est de constater que le digital est à ce jour l'industrie la moins régulée. Et ce, même si c'est celle qui est en train de produire la plus grande portion de valeur économique ces dernières décennies.* Mais aussi la révolution des modèles économiques qui impacte et transforme toutes les autres industries.

Si une entreprise de la tech souhaite devenir un opérateur sur un métier vertical, beaucoup de questions se posent, à mon avis.

D'abord, pouvons-nous imaginer que l'entrée en jeu des entreprises de la tech dans une industrie va redéfinir l'étendue des produits et services ? Oui, et pour le coup, c'est une excellente chose. L'innovation va profiter aux consommateurs, avec des nouvelles expériences, une plus forte valeur ajoutée, plus de choix et plus de services.

Ensuite, pouvons-nous imaginer que l'entrée des entreprises de la tech dans une industrie va modifier les équilibres compétitifs ? Et si oui, est-ce que cela va permettre des nouveaux comportements qui pourraient avoir un impact sur la libre concurrence ? C'est la question clé. À mon avis, la réponse est oui à la première question, et probablement également oui à la seconde.

Donc, est-ce que l'entrée d'un nouvel opérateur entraîne potentiellement une révision des règles du jeu dans l'industrie ? Je dirais très probablement oui, car les leaders de la tech nous ont déjà habitués à des interprétations très modernes pour répondre à un besoin. Il sera nécessaire de comprendre, notamment en ce qui concerne l'utilisation des données, quel nouveau cadre définir pour l'industrie ainsi « cross-fertilisée » avec les nouvelles technologies.

Un marché dans lequel les entreprises historiques, qui ne sont pas des « enfants du numérique », et des leaders de la tech s'affrontent va être un marché profondément transformé dans toutes ses habitudes. Dans la façon de produire, dans le portefeuille des produits et services. Par conséquent, tout le monde devra se réinventer. Il est assez logique, par extrapolation avec le passé – comme quand les transports en taxi ont été bousculés par l'arrivée d'Uber ou que les services liés à la satisfaction du client dans la distribution ont été bousculés par Amazon –, de s'attendre globalement à une amélioration du service pour les consommateurs, en qualité pure et ou en étendue de l'offre.

Mais est-il possible de maintenir une concurrence loyale quand un des concurrents est un leader de la tech ? Nous ne pouvons pas généraliser une réponse. Nous imaginons simplement des cas futurs, sans connaître l'industrie ou les entreprises de la tech qui feront leurs entrées sur le terrain de jeu. En extrapolant là aussi à partir d'un passé récent, quand les grandes majors de Hollywood et les chaînes traditionnelles de télévision ont été bousculées par Apple TV, Netflix et Amazon Prime Video, et seul Disney+ a vraiment réussi à réagir, ma prévision est que dans une grande majorité de cas la concurrence risque fortement d'être déloyale. Et ce, pour plusieurs raisons, sur lesquelles je vous demande de réfléchir.

Pour commencer, si la société qui rentre sur un marché vertical est un leader de la tech, il s'agit d'une entreprise avec une rentabilité importante et des moyens financiers à disposition qui sont sans commune mesure avec les standards de n'importe quelle autre industrie, sans exceptions. Cela constitue déjà une asymétrie à surveiller pour maintenir un équilibre. Ce ne peut pas être encadré en tant que tel, je vais y revenir.

En deuxième lieu, du fait de son business model par définition très riche en données et en capacité computationnelle, la société de big tech a accès à des ressources extrêmement plus performantes, qui constituent un déséquilibre par rapport à la concurrence. Même si la société annonce qu'elle vend ses technologies et qu'elle les met à disposition de ses éventuels concurrents, ce propos est trompeur. Car, en réalité, quand on est propriétaire d'une technologie, on connaît les calendriers de lancement et on définit le futur de la plateforme. Pour ne pas parler du coût de revient par rapport au prix du marché de ces ressources. Les big tech ont surtout accès à des informations privilégiées qui leur permettraient d'avoir toujours un ou deux coups d'avance sur leurs concurrents. Et, par la même occasion, un avantage concurrentiel permanent et déloyal sur eux.

Enfin, puisque la société de tech dispose d'un portefeuille bien plus large et centré sur le digital par rapport à son concurrent vertical, sa façon d'appréhender ce nouveau business vertical va être complètement différente. Elle peut, par exemple, considérer que cela constitue un investissement marketing pour attirer plus d'utilisateurs sur sa plateforme primaire. Et elle peut produire un business qui fausse le marché existant et qui empêche les entreprises traditionnelles de produire des résultats financiers acceptables. C'est le cas d'une entreprise qui attaque un marché comme un énième investissement supplémentaire par rapport à une entreprise qui le fait comme seul et unique cœur de métier. Donc oui, les moyens financiers acquis grâce à la (hyper) profitabilité d'un modèle de base sont de fait un biais potentiel sur un marché.

On pourrait me rétorquer que si un nouveau venu sur le marché peut transformer une industrie et apporter un bénéfice qualitatif et une réduction de prix par rapport à une industrie existante, cela constitue un bien pour l'humanité. Et cela veut dire que les entreprises en place étaient inefficaces. Cela est vrai d'un point de vue théorique des marchés. Pour répondre à cette remarque, qui a bien entendu du sens, je dirais qu'un nouvel entrant « à armes égales » devrait pouvoir bouleverser la donne pour apporter de l'efficacité à une industrie. *Mais si les armes du nouvel arrivant constituent de nouvelles barrières insurmontables, alors cela constitue bel et bien une entrave à une concurrence loyale.*

Pour simplifier, mon point de vue est le suivant. Quand vous êtes, par la nature de votre fonction, le fournisseur de la technologie dont tout le monde a besoin pour opérer et, surtout, quand ces ressources deviennent la ressource la plus importante pour produire, est-ce normal de rentrer en concurrence avec vos clients ? Selon moi, la réponse est non. Même si la velléité est d'apporter des solutions d'efficacité à une industrie, cela devrait obliger l'opérateur à produire des solutions technologiques, certes, en concurrence avec d'autres entreprises de la tech, pouvant améliorer une industrie. Mais il ne devrait pas se substituer à l'entreprise finale pour devenir un fournisseur des consommateurs. Les assets à disposition ne sont pas les mêmes et la compétition fatalement inéquitable.

En terminant ce paragraphe absolument essentiel pour les propos de cet ouvrage, je voudrais vous faire réfléchir sur le sujet suivant. En attendant que les États du monde comprennent en profondeur les enjeux et mettent en œuvre une régulation plus moderne et efficace sur le sujet de la compétition sur les marchés verticaux, toutes les entreprises opèrent aujourd'hui sans cadre spécifique. Dans un flou qui permet beaucoup d'intrusions et qui laisse à chaque opérateur l'opportunité de se positionner sur les marchés comme il le souhaite, tout en respectant les règles en vigueurs. Cela équivaut à dire que *chaque entreprise de la tech applique son propre code d'éthique pour décider comment rentrer sur un marché avec une offre.* De la même façon, en attendant de se positionner dans une industrie verticale ou pas, cette même entreprise se donne un code de conduite pour sa façon de travailler avec les clients de cette industrie. *Est-il, à votre avis, normal qu'une entreprise ayant des velléités de rentrer sur des marchés verticaux puisse, en attendant, être fournisseur de technologie cloud des clients de ces mêmes secteurs industriels en hébergeant toutes leurs données dans son infrastructure?* Potentiellement, un fournisseur pourrait avoir sur ses serveurs une grande portion des données d'une industrie. Sans aucun besoin d'aller lire des transactions élémentaires et de casser un code de conduite sur la confidentialité, mais en faisant juste des extrapolations sur les grandes masses de données en sa possession, elle pourrait comprendre les tenants et aboutissants de cette industrie. En utilisant pour cela des algorithmes d'intelligence artificielle qui ont été développés afin de faire des déductions précises et pertinentes à partir d'une grande masse de données.

Ce dont je parle est très dangereux et à mon goût aussi profondément *non éthique.* Imaginez un fournisseur qui se lancerait dans une approche verticale. Il aurait non seulement tous les avantages précédemment décrits: une position financière inégalée, une capacité technologique supérieure et irrattrapable, un portefeuille d'activités et les synergies afférentes. Surtout, il commencerait la compétition avec ses concurrents déjà en place avec une connaissance de l'industrie finalement même supérieure à la leur, puisqu'il aurait eu la possibilité d'extraire de l'intelligence des données agrégées de plusieurs autres concurrents.

Cette page sera pour moi la plus difficile à écrire dans le futur. Les leaders de la tech, j'en suis certain, ne pourront pas ne pas rentrer en compétition avec les entreprises traditionnelles. Elles prétexteront une volonté de fournir des services optimisés, modernes, séduisants, efficaces aux utilisateurs. Ce qui ne sera pas faux. Ils utiliseront de la technologie qu'ils ont développée au fil des années, y compris lors de collaborations avec des entreprises de ces marchés verticaux, qui, *sans le savoir ou sans s'en rendre pleinement compte, auront donné une partie de leur savoir-faire, celui qui est dans leurs données, à un fournisseur devenant désormais un concurrent.*

Au moment où j'écris ces lignes, beaucoup d'entreprises traditionnelles de plusieurs industries, sans avoir vraiment analysé en profondeur les enjeux, participent déjà à l'établissement des forces compétitives de leurs futurs concurrents en les utilisant comme fournisseurs de technologie. Une lucidité seulement déjà présente dans quelques industries, comme la distribution, les voyages et plus récemment les médias. Dans toutes les autres industries « cibles », on se contente pour l'instant d'observer les stratégies des uns et des autres, sans anticiper les potentielles répercussions.

Ce passage de fournisseur horizontal de la technologie à concurrent vertical se fera avec un énorme bouleversement et une grande difficulté de régulation. Mais aussi, hélas, avec un dysfonctionnement initial. La compétition sera basée sur des capacités et des connaissances asymétriques qui, à mon avis, sont une infraction fondamentale au bon sens, à l'éthique et aux critères de concurrence loyale.

D'où l'urgence éclatante de redéfinir la notion même de concurrence loyale. Nous avons des définitions, des méthodologies et des perspectives des régulateurs encore intrinsèquement liées au monde du siècle dernier et fruits de trois révolutions industrielles précédentes. Ce qui est loin d'être actuel, moderne et efficace au XXIe siècle avec de nouveaux business models qui se développent et qui se développeront toujours plus rapidement avec la quatrième révolution industrielle. Nous avons observé ces derniers mois des initiatives intéressantes sur le sujet de la compétition sur les marchés des services digitaux. La proposition de la part de la commission européenne du « Digital Markets Act » et du « Digital Services Act » engage un processus de réflexion et potentiellement d'action, même si le focus reste limité par rapport à la longue liste que je propose dans ce chapitre, et en particulier en laissant complètement de côté le sujet des marchés verticaux. Je pense aussi que la formulation est trop centrée sur des entreprises bien précises telles que nous les connaissons aujourd'hui, ce qui est à mon avis gênant d'un point de vue intellectuel, mais aussi pas pratique, car ces entreprises vont évoluer, changer de forme et de business model a une vitesse inouïe. Je préconiserais fortement un angle de travail diffèrent, basé sur la définition des métiers et les croisements possibles ou pas de ces métiers, indépendamment de la forme des entreprises « hyper-scalers » actuelles, et en ne limitant pas le concept à une taille particulière des organisations. Dans la même lignée, le gouvernement Américain est en train de faire progresser au parlement un « anti-trust bill », afin d'empêcher certains géants d'utiliser leurs plateformes pour favoriser leurs propres services. Proposition qui a été d'ailleurs supporté par le « Department of Justice ». Elle reste à mon avis partielle et trop centrée sur certaines entreprises, comme l'action européenne. Dans les deux cas, je veux néanmoins souligner l'avancée intéressante sur ce thème fondamental. Nous verrons si ces initiatives arrivent au bout et surtout si elles enclenchent un mouvement pérenne, vertueux et incrémental pour l'encadrement dynamique que je préconise dans ce texte.

Que vous partagiez ou pas mon inquiétude sur les règles du jeu, pour finir sur une note de légèreté, je vous invite à lire les deux romans écrits par Dave Eggers en s'inspirant des leaders de la tech, *Le Cercle*[7] et *The Every*[8] qui n'a pas encore été traduit

7. Folio, 2017.
8. Vintage, US, 2021.

en français. Ils ont beau être de la science-fiction, ils sont à la fois inspirants et inquiétants. Je pense qu'ils devraient faire partie de tout parcours pédagogique pour nos jeunes afin de les aider à comprendre à la fois la puissance des technologies et les dérives potentielles qu'elles peuvent engendrer.

5. La jeunesse, l'éducation et la formation continue

Lettre aux jeunesses

Chères jeunesses,

Je m'adresse directement à vous au pluriel, car la jeunesse n'est pas unique. Nous vivons à l'ère de la multitude et non plus des « jeunes » indifférenciés. Si aucun d'entre vous n'est réductible à sa génération, une chose vous rassemble néanmoins : votre incroyable maturité. Je l'affirme : votre génération dans toute sa diversité est bien plus mûre, bien plus consciente que la mienne ne l'a été.

Vous possédez des connaissances si vastes, des capacités tellement « augmentées » par rapport à celles des jeunesses d'hier. Cela est permis grâce aux nouvelles technologies, mais pas seulement. Il ne s'agit pas pour vous de nouvelles technologies, mais de technologie tout court. Vous êtes nés avec. De la même manière, vous ne vivez pas dans un monde en train de s'abîmer, mais un monde qui l'est déjà. Vous naviguez dans cette double réalité composée d'incroyables progrès techniques et de vertigineuses menaces. C'est précisément cette réalité singulière qui, à mes yeux, vous confère ce recul et cette clairvoyance nécessaires pour relever la multiplicité des défis qui se présentent à vous.

Chacun sait que cette crise sanitaire que nous traversons, d'un bout à l'autre de la planète, est source d'incertitudes autant que d'opportunités. Si ce sont nos aînés les plus prioritairement affectés par la maladie, les jeunesses du monde entier pâtissent le plus durement des mesures sanitaires. Jamais dans l'histoire de l'humanité, nous n'avons eu autant besoin de collaboration, d'entraide et d'innovation.

En regardant un peu plus loin, face au réchauffement climatique, à la dégradation de la biodiversité, mais aussi face aux infodémies, aux inégalités sociales et collectives, vous êtes armés de détermination et animés par le rejet du discours victimaire ambiant.

La France connaît quant à elle des difficultés exacerbées par la crise. Défiance à l'égard des autorités et de la science, frictions communautaires, délitement de la cohésion sociale et territoriale... Mais je sais aussi, pour être un étranger amoureux de votre pays, que la France possède de merveilleuses ressources. La première d'entre elles, c'est vous : sa jeunesse

– ses jeunesses ! D'où que vous veniez, où que vous viviez, vous êtes capables de tout, notamment du meilleur. Vous êtes capables de générosité, de solidarité, d'entreprenariat, d'engagement.

Ne doutez pas de votre destin, toute la nation a besoin de vous pour faire souffler un vent d'optimisme sur ce pays.

Si j'en appelle à vous, jeunesses plurielles, ce n'est pas pour m'affranchir de mes responsabilités ou exonérer ma génération. Nous devons vous aider.

D'abord, soyons francs, parce que ma génération est en partie responsable du monde que nous vous laissons. Mais ensuite parce que vous ne parviendrez pas seuls à résoudre ces équations complexes. Je suis convaincu qu'en alliant nos forces, nos expériences, nos talents, nous ne serons pas écrasés par l'enjeu qui nous fait face.

Résoudre les défis climatiques, résorber les inégalités, utiliser la technologie à bon escient, faire reculer la pandémie : ce sont nos convictions, nos actions, notre communauté de valeurs.

En travaillant chez Microsoft, j'ai longuement mesuré l'importance de tendre la main aux jeunesses. Notre soutien à la mission de service civique « Jeunes Citoyens du numérique » créée par Unis-Cité, est né d'un constat partagé avec cette association pionnière du service civique. L'accélération de la fracture numérique impose l'urgence d'éduquer très tôt aux enjeux et usages du numérique.

La création des Écoles IA et Écoles Cloud Microsoft avec l'entreprise sociale et solidaire Simplon, destinées à favoriser l'égalité des chances pour un public en particulier de jeunes éloignés de l'emploi, participait à ce même élan.

Chères jeunesses, votre tâche est simple: sauver le monde, rien de moins!

Lors des vacances de Noël 2020, je me rappelle avoir écouté Amélie Nothomb, invitée d'une matinale le 31 décembre, dernier jour d'une année historique. Elle clamait: « La jeunesse est un talent, il faut des années pour l'acquérir. » Je ne saurais pas mieux dire.

En plus de vous aider, de vous faire la courte échelle, nous serions bien inspirés de vous faire confiance et de croire en vos marqueurs identitaires. La curiosité insatiable et l'audace inaltérable sont gages de lendemains lumineux et heureux.

Les systèmes éducatifs nationaux

Le numérique peut contribuer à rendre possible la promesse d'une école pour tous, une école permettant à chaque enfant de se découvrir, de s'épanouir, de devenir un citoyen éclairé. Bien utilisés, les outils numériques sont des atouts pour l'apprentissage. Ils permettent de développer la curiosité, la capacité d'adaptation et la créativité. Nous avons tout à gagner à investir autant dans les nouveaux outils que dans les nouvelles pédagogies. Outils et pédagogies sont les deux faces d'une même médaille. Celle qui pourrait refaire de la France un phare en matière d'éducation, offrant à tous les élèves la possibilité de devenir des citoyens accomplis. J'avais d'ailleurs eu l'occasion d'en débattre avec François Taddei, chercheur en génétique et en éducation, ainsi que président fondateur du CRI, au printemps 2021, dans une émission de débat *Sans Tabou* lancée par Microsoft que vous pouvez toujours trouver en ligne si le sujet vous passionne.

La France possède un patrimoine d'outils et d'approches pédagogiques exceptionnel. Les coopérations entre les différents acteurs privés et publics se développent chaque jour afin de permettre aux enfants, aux familles et aux enseignants de trouver des modalités d'apprentissage toujours plus ouvertes et performantes. Ce qui éclôt parfois dans une classe de 30 élèves peut ensuite être essaimé dans un établissement, puis dans une ville. Et pourquoi pas dans tous les territoires de la nation. C'est là toute la force du numérique. Ce qui profite aux uns peut aussi profiter aux autres. Nous avons pu l'observer au démarrage de la pandémie. Nous étions bel et bien « seuls ensemble », et beaucoup de bonnes pratiques et de nouvelles idées se sont propagées en France grâce à des initiatives individuelles qui ont bénéficié de la force du collectif pour rapidement prendre de l'ampleur.

L'innovation n'est évidemment pas une fin en soi. Il ne faut pas être fiers de créer des nouvelles technologies pour ce qu'elles sont. Il faut en être fiers pour ce qu'elles permettent de réaliser. Le développement de l'éducation par le numérique ne nécessite d'ailleurs pas forcément de moyens financiers infinis.

Il faut selon moi permettre à chaque enfant d'avoir accès à un ordinateur, non de mettre un ordinateur dans les mains de chaque enfant. Une fois l'ordinateur disponible, c'est la pédagogie qui va compter. Des moments devant l'écran et des moments sans, des travaux en solitaire et des travaux en collectif, etc.

Il est important de créer des vocations, de permettre à chacun de déceler ses passions et de s'y investir pleinement.

Il faut aussi travailler l'esprit critique : aider à ce que chacun développe un regard réfléchi sur ce qui l'entoure. Pour mieux s'engager, notamment en matière de numérique. Regarder sous le capot des technologies pour comprendre leur fonctionnement et mieux s'en emparer.

Il est nécessaire, enfin, de développer la vie sociale sur les lieux d'apprentissage. Permettre à chacun d'avoir un vrai chemin de formation, rien ne remplacera ce qu'on apprend sur un campus en côtoyant ses pairs pendant la vie étudiante. Un moment serein, riche de stimulations et bien organisé.

Alors, franchement, quoi de plus beau que de faire la courte échelle aux générations futures ? C'est le plus exaltant des engagements.

La science de l'éducation a déjà largement démontré que la bonne utilisation de la technologie en classe est une opportunité gigantesque pour augmenter le niveau d'attention et d'engagement des élèves, de maximiser leur participation. Le résultat final permet un apprentissage plus profond de la matière traitée. Cela n'a pas vocation à remplacer une pédagogie traditionnelle, plutôt à l'élargir et à la compléter.

Une étude récente de la Economist Intelligence Unit, largement relayée par le World Economic Forum, montre l'importance de la connexion à Internet des écoles dans le monde. En expliquant, entre autres, qu'une couverture 10 % supérieure des connexions des écoles dans un pays représente une opportunité de 1 % de PIB supplémentaire. Nous avons une abondance de démonstrations sur l'urgence de l'utilisation des nouvelles technologies pour le développement économique d'une nation.

J'ai eu l'occasion de voir des dizaines et des dizaines d'exemples d'excellence dans l'utilisation de la technologie pour moderniser la pédagogie. C'était à chaque fois dû au travail d'un éducateur ou d'une éducatrice qui avait eu le courage de laisser émerger des idées de la classe. En canalisant l'énergie pour que les projets deviennent un mécanisme utile à l'apprentissage de groupe, avec des résultats magnifiques.

C'est très beau, mais ce n'est plus suffisant. Nous ne pouvons pas nous permettre d'avoir certaines classes et certains élèves ayant cette chance et d'autres pas. *C'est bel et bien la responsabilité d'un système éducatif national de diffuser les bonnes pratiques en les rendant intrinsèques dans le système et, donc, de permettre à tous les élèves de bénéficier d'outils, de méthodes et de pédagogies qui puissent mieux les préparer au futur.* Nous sommes encore très loin de ce niveau, en France, en Italie et dans une grande majorité de pays européens. Cela doit changer très rapidement.

Pendant que nous laissons ce sujet comme une réflexion émergente, et parfois même combattue par le système, nos voisins se penchent sur les écoles et préparent leurs élèves à évoluer dans un monde transformé par la quatrième révolution industrielle. Sans réaction de notre part, cela va préparer une force de travail pour les États-Unis et la Chine qui, dans vingt ans, vont encore augmenter leur capacité à créer un futur fait d'innovation et de croissance globale.

La formation continue (lifelong learning)

La formation n'est pas un sujet concernant seulement les jeunes, c'est un thème touchant toutes les générations. Dans un monde qui se transforme très rapidement, nous sommes tous invités à développer continuellement nos compétences tout au long de notre vie. Cela ne peut qu'être porteur d'énergie, d'idées, et finalement d'épanouissement et de bonheur. Avec cette quatrième révolution industrielle, l'intensité des évolutions et la richesse des contenus à notre disposition, nous pouvons en faire un nouveau muscle à entretenir et à maintenir en forme.

L'apprentissage en ligne est devenu depuis quelques années, et plus encore pendant ces derniers mois de pandémie, une référence dans le domaine de la formation. Il ne peut remplacer complètement une pédagogie en classe, mais ouvre un nouvel éventail d'apprentissage. La grande découverte étant son apport de facteurs intéressants et critiques pour le succès de la formation.

Ce nouveau mode d'apprentissage multiplie les possibilités de se former. L'étudiant ajuste au mieux les moments de connexion et de déconnexion avec les impératifs de son propre équilibre personnel et professionnel. Cela lui permet d'assembler les briques de sa formation les unes après les autres pour en faire un vrai cursus ou curriculum.

L'apprentissage en ligne favorise un engagement actif des étudiants avec des nouvelles formes de participation. Un engagement plus ouvert à tous types de personnalités qui favorise une intégration en classe beaucoup plus poussée que la classe physique traditionnelle.

La panoplie des formats proposés est impressionnante. Cela va de la lecture à la vidéo en passant par la scène théâtrale, les dessins animés, les jeux vidéo, jusqu'aux vidéos interactives immersives. Bien utilisés comme médias complémentaires, ils permettent de créer une expérience engageante et motivante sans précédent.

La technologie permet ensuite de potentiellement détacher la formation d'un lieu précis. Ce qui ouvre des perspectives assez inouïes pour l'utilisation de ces outils à distance au niveau global. Je trouve personnellement toujours époustouflant d'être assis chez moi et de pouvoir suivre un cours à Stanford ou à Harvard, comme en Europe ou en Chine, sans être obligé de voyager. Cela n'enlève rien au bonheur d'aller faire une formation dans une autre ville et dans une vraie classe, mais je considère que ce sont justement deux expériences complémentaires. Une formation qui demande un déplacement de plusieurs jours ou semaines ne peut avoir lieu qu'une fois de temps en temps, et entraîne plus de production de CO_2. Là où la formation en ligne peut être quotidienne, si on le souhaite, et correspond beaucoup mieux au concept de *lifelong learning*, d'études permanentes. Et pourquoi pas avec un peu plus de respect pour l'environnement.

Un autre élément important est l'étendue époustouflante du contenu. La granularité totale permet tous les niveaux d'approfondissement d'un sujet, de la sensibilisation initiale jusqu'à l'obtention d'un diplôme, d'une certification ou d'un master. La multidisciplinarité permet d'avoir une vision sur tous les champs du savoir. Il est possible de croiser les formations pour en faire, grâce à des combinaisons infinies, un parcours unique et adapté à chaque personne.

La possibilité de *personnaliser le parcours d'un individu* est encore très peu exploitée mais sera certainement la prochaine frontière de la formation. L'intelligence artificielle pourra aider à cerner les compétences de chacun, ses aspirations, ses souhaits en matière de formation, et définir ainsi le parcours le plus adapté. Ceci toujours encadré par des activités humaines. Les possibilités de succès sont là aussi magnifiées par le support précieux de la technologie. Elle permettra à la fois plus de précision sur le cas individuel et l'industrialisation à l'échelle de la population entière.

La bonne formation pour le bon emploi

Tout cela permettrait, dans un futur proche, de résoudre une des plus grandes équations encore irrésolues : celle du « plein-emploi ». Microsoft a fait l'acquisition de LinkedIn il y a quelques années. En travaillant avec mes confrères de cette magnifique entreprise, je me suis rendu compte de la richesse assez magique de la plateforme. LinkedIn possède, grâce aux informations des utilisateurs qui consomment ses services, une interprétation graphique (dite « graph ») du travail de chaque pays du monde. Il leur est possible d'extraire les informations suivantes :

- celles sur la population qui travaille et le sous-ensemble des chercheurs d'emploi ;
- les enchaînements de carrière qui, statistiquement, prennent de l'ampleur ;
- la formation qui aide le plus à décrocher un emploi en particulier ;
- les zones géographiques avec le plus d'offres d'emploi ;

– les industries qui présentent le plus d'offres d'emploi ;
– le parcours de formation le plus adapté pour trouver un emploi spécifique dans une industrie donnée.

Cela constitue une base fantastique à disposition d'une nation pour croiser les informations sur les chercheurs d'emploi et les formations existantes.

Savamment mélangés, tous ces ingrédients pourraient faire naître une plateforme nationale qui permettrait de fournir les bons services de formation à chaque personne. Afin que tout le monde puisse factuellement maximiser, année après année, ses chances de s'épanouir dans une activité en phase avec son parcours. J'évoquais au début de ce livre la capacité des leaders de la tech d'aller résoudre les écarts d'inefficacité. Voilà encore un exemple. Entre 4 et 12 % de la population ne travaille pas. C'est pour moi une totale aberration, si l'on pense à la perte d'énergie face à tellement de problèmes en demande de solutions et de besoins non satisfaits.

La chose la plus compliquée pour une nation, comme d'ailleurs pour une petite entreprise, est d'avoir la bonne adéquation entre l'offre et la demande. Les bonnes compétences pour les bons emplois. Mais si on réfléchissait à une obligation, disons « constitutionnelle », au plein-emploi, alors chaque individu sans exception devrait soit travailler soit se former pour le faire. La technologie peut et doit aider ce raisonnement. En produisant les plateformes visant à combler le manque de formation de façon continue, pour mettre plus facilement les compétences des personnes en adéquation avec la demande, là où l'économie évolue et se développe.

Ce niveau d'anticipation, de planification et d'offre de services pour une population entière n'est pas une utopie. Les formations existent, les besoins sont connus, les données peuvent être agrégées pour construire la plateforme. Ce n'est qu'une question de moyens et de volonté. Le projet, je peux le garantir, coûterait au plus quelques dizaines de millions et viendrait enrichir le travail des entités publiques déjà en charge du problème. L'investissement aurait un retour éblouissant. Il ne reste plus que la volonté et la décision politique de le réaliser.

Nous vivons des changements historiques. La révolution industrielle avance, tous les secteurs économiques se transforment. Je suis profondément convaincu qu'il est de la responsabilité des décideurs politiques d'accompagner le changement. Avec le bon investissement sur les compétences des citoyens, les jeunes mais pas seulement, tant les enjeux sont importants. Cet accompagnement n'est pas un vœu pieux. Il est absolument nécessaire pour permettre à chacun de rester en prise avec les évolutions de la société dans laquelle nous évoluons.

Je souhaite de tout cœur que cette problématique revienne vraiment au centre du débat politique. *Trop de turbulences sont en train de distraire nos dirigeants sur un sous-ensemble de sujets, certes importants, mais qui ne donneront pas à une nation entière les éléments de construction du futur, de compétitivité et de bien-être à long terme, comme seules l'éducation et la formation peuvent le faire.*

6. Le développement durable comme facteur de croissance

La technologie numérique opère un double mouvement d'innovation. D'une part, elle œuvre pour résoudre les grands enjeux de la planète et de l'autre, elle s'attache à réduire son impact sur celle-ci.

Nous devons œuvrer en permanence pour nous assurer que notre Terre puisse rester habitable. Comme le défi est immense, il s'agit de montrer la voie en entraînant le plus grand nombre avec nous. Quand je dis « nous », je parle de tous les acteurs conscients de l'impératif de développer une économie durable au regard des défis posés par l'urgence écologique.

Un numérique vert est possible et nécessaire. C'est l'affaire de responsabilité. L'industrie du numérique doit transformer sa chaîne de valeur, avec des engagements forts sur les questions d'empreinte carbone, de réduction des déchets et de consommation d'eau, au service de la biodiversité. Il faut, surtout, savoir garder raison. L'industrie du numérique représente 4 % de l'équation mais, puisqu'elle s'inscrit, d'année en année, au cœur de toute chose, elle a un pouvoir d'influence sur l'ensemble des autres industries représentant les 96 % restants. L'impact d'un numérique vert peut donc être gigantesque. À nous, grâce à une coopération entre toutes les entreprises, mais en s'ouvrant aussi au monde politique et à la société civile, de créer les écosystèmes fertiles à la résolution de ce défi vital.

Au-delà de notre responsabilité se révèlent aussi parfois des opportunités. Nous pourrions faire d'une pierre deux coups en réorientant nos économies vers le strict respect de la planète mais aussi des individus. La France est d'ailleurs en très bonne place pour relever le défi avec des fleurons industriels dans les secteurs clés de la transition écologique : EDF, Engie, Schneider Electric. Mais aussi Total et sa stratégie à long terme sur les questions énergétiques, Veolia et Suez sur les enjeux de ressources essentielles telles que l'eau et l'air, ainsi que sur la gestion raisonnée des déchets, pour ne citer que ces quelques exemples.

La France possède aussi un écosystème de start-up et scale-up très innovantes, en fort développement sur ces sujets, comme EcoVadis ou Energisme. Elle pourrait même jouer un rôle de plus en plus significatif à l'échelle mondiale en exportant ses produits et services vertueux, et retrouver ainsi la position de phare qu'elle incarne depuis la philosophie des Lumières. Les nouvelles Lumières seront donc écologiques et fondées sur le numérique.

En cette période « postpandémique », nous devons réfléchir sur l'orientation de nos économies, prendre les décisions de nature à créer les nouvelles richesses et envisager la meilleure manière de répartir les richesses créées afin de travailler tout aussi urgemment à la réduction des inégalités. Il en va de l'une des plus grandes promesses du numérique : créer un cadre où chacun peut satisfaire ses besoins fondamentaux de manière responsable vis-à-vis de son environnement, et ainsi réconcilier la question écologique et la question sociale.

Le numérique est un outil puissant. Mais ce n'est qu'un outil. Mis au service du bon projet, il permet déjà de construire un futur durable et souhaitable en réduisant les biais. Cela suppose toutefois d'accepter de changer quelques habitudes. Comme l'a très justement dit Inès Leonarduzzi, présidente de l'ONG Digital For The Planet, avec qui j'ai pu échanger sur le sujet lors d'un épisode de la série *Sans Tabou* : nous devons tous accepter l'idée de revoir nos habitudes pour enfin contribuer positivement à un vrai changement de paradigme.

Nous avons collectivement réussi à prendre conscience de l'urgence écologique tout en améliorant de manière significative les conditions de vie de plusieurs milliards d'individus sur les dernières décennies. Le chemin est le bon, mais il convient d'en modifier la trajectoire et de s'y engager plus rapidement.

Et ce, en pleine conscience de la longueur et de la difficulté du trajet qu'il nous reste ensemble à parcourir.

Nous n'en sommes qu'au début de l'aventure écologique. La route est longue.

Une responsabilité partagée

Un rapport des Nations unies a récemment expliqué que l'humanité, sans s'en rendre vraiment compte et pendant un siècle, a déclaré une guerre à la nature. Le résultat est catastrophique, cela peut tout à fait détruire la planète. Il est très complexe de comprendre ce que cela veut dire. Nous sommes tous, d'une façon ou d'une autre, le résultat d'un système responsable de la situation. Un système qui a bâti, propagé et justifié les raisons de cette guerre. Nous avons construit ce que nous considérions un bien-être croissant pour les humains. Mais en le faisant, nous avons utilisé des moyens qui détruisent la biodiversité. Avec un effet dévastateur sur les insectes et les animaux en général. Un effet qui augmente le risque de feux ravageurs, détruit la calotte polaire et, à long terme, va finir par augmenter le nombre de morts et d'inégalités dans la population mondiale.

Le changement climatique va créer des effets majeurs sur notre planète en rendant inhabitables certaines zones de la terre en juste un siècle. Ce qui va engendrer potentiellement des migrations de masse, des pandémies, des tensions géopolitiques que nous ne pouvons même pas imaginer. *Nous devrions porter notre regard au-delà du CO_2, dont on parle beaucoup depuis quelques années, et nous pencher sur la pollution, les déchets, la diminution de l'espace laissé à la nature, la qualité de l'eau, et tous les autres éléments qui ont un impact sur l'équilibre nécessaire pour continuer à protéger la vie sur terre.*

La situation paradoxale de cette surconsommation de ressources naturelles, qui implique une réduction des mêmes ressources à disposition dans le futur, est un problème fondamental. Cela me rappelle le dilemme du prisonnier, énoncé en 1950 par Albert W. Tucker à Princeton. Un certain nombre d'entre nous l'a étudié à l'école dans le cadre de la « théorie des jeux ». Ce dilemme, que je vous suggère fortement de relire, explique comment, dans une situation d'asymétrie d'information et communication, des personnes prennent individuellement la plus mauvaise décision pour le groupe. En se basant sur l'idée que, ne faisant pas confiance aux autres, ils préfèrent prendre une décision qui les protège. Et en ne comprenant pas que la somme de leurs décisions individuelles donne finalement le pire des résultats pour eux tous.

C'est à peu près ce qui est en train de se passer avec le paradoxe de la surconsommation des ressources naturelles entre trois « joueurs » : les citoyens, les entreprises et les gouvernements du monde.

Les citoyens du monde commencent à peine à prendre conscience du problème des ressources naturelles, de façon encore mal distribuée. La prise de conscience soulève actuellement un esprit critique envers les deux autres joueurs. Mais pas encore des choix fondamentaux de changement de vie de la part des citoyens. En d'autres termes, nous ne voyons ni des choix politiques ni des choix de consommation cohérents depuis cette prise de conscience. Pour l'instant, les citoyens attendent que la solution vienne des autres joueurs. Ils ne prennent pas encore la balle au bond pour être les premiers à casser le paradoxe.

Les entreprises ont bien compris que le vent était en train de tourner. Les consommateurs étudient de plus près leurs choix, leur éthique, leur transparence. Cela les pousse à fournir un effort, plus ou moins sincère, pour se donner une image conforme aux attentes. Mais elles n'ont été ni contraintes ni pénalisées par un manque de responsabilité « ESG » (Environnemental, Social et Gouvernance) par les gouvernements ou les consommateurs. Elles ne changent donc pas de façon radicale leurs systèmes de valeurs, ni leur système de production ou de logistique pour avoir zéro impact sur les ressources de la planète. Elles font simplement des petits pas incrémentaux, par pallier. Elles attendent, en d'autres termes, d'être punies par les gouvernements ou contraintes par les citoyens avant de changer le système et de casser le paradoxe.

Les gouvernements, quant à eux, parlent énormément du problème, et c'est une bonne chose. Ils montrent de l'empathie à défaut de se doter d'une vraie connaissance scientifique et se réunissent pour essayer de trouver des solutions. Mais nous n'avons vu que des pas timides et insuffisants en la matière ces dernières années. La réalité est que, en l'absence d'accord mondial sur la solution définitive, ils craignent énormément de prendre des décisions nationales. Décisions qui pourraient, si elles étaient prises trop tôt par rapport aux autres pays, avoir un effet négatif sur la compétitivité des entreprises nationales et sur la croissance de leur produit intérieur brut. Et donc, disons-le, sur leur réélection. Ils attendent de trouver un accord entre eux – accord pour l'instant encore très improbable – ou d'être punis fortement par les citoyens ou par un retournement de l'économie nationale. Ce qui à court terme est aussi improbable. Dans tous les cas, ils n'ont pas encore pris de décisions radicales pour changer la donne dans leur pays.

Tout ceci se manifeste avec un problème extrêmement complexe et toujours pas résolu à ce jour. Les engagements pris en 2015 lors de la COP 21 n'ont pas été tenus, et les avancées, six ans après avec la COP 26 de Glasgow, sont, soyons francs, extrêmement faibles et largement insuffisantes pour nous conduire sur la bonne voie.

Ce n'est pas avec des petits pas que nous allons réussir cette reconversion totale du système productif. Il faut un élan décisif et bien pensé, visionnaire et orchestré, cohérent et constant dans le temps. Un élan qui permette de rétablir les systèmes de production, de transport, de logistique et de consommation, dans un temps défini, vers un équilibre enfin cohérent avec le système naturel dans lequel nous vivons.

Cet élan doit bien commencer quelque part. Il ne peut pas venir des citoyens seuls, d'une entreprise seule, d'un gouvernement seul. Il nécessite une force structurante, au niveau de la planète, qui casse le paradoxe et prenne une autre route, avec courage et détermination, pour établir un nouveau standard qui s'impose au reste du monde.

Je souhaite que l'Europe cesse de parler du problème. Qu'elle agisse de façon pertinente et unie afin de définir des programmes et des actions pour inverser le sens de l'histoire sur l'utilisation des ressources naturelles. Cela sera bénéfique pour la planète et ça le sera même pour l'économie à moyen et long terme.

Une opportunité économique

Je compte d'abord sur une responsabilité collective pour réaliser ce qui est bon pour les générations futures, même si la décision à prendre aujourd'hui est drastique et difficile. Mais je vois aussi une énorme opportunité économique dans le développement de nouvelles filières industrielles vertueuses pour la transition énergétique de toutes les industries.

Dans le passé, l'Europe a été forte d'un point de vue industriel, non seulement sur la production d'énergie mais de bout en bout, sur l'ensemble de la chaîne de valeur. Nous avions en France le développement de la filière nucléaire, des producteurs nationaux d'énergie électrique très puissants et très efficaces, des partenariats industriels avec d'autres industriels du monde, comme le Japon et la Chine, pour la production de technologies. Nous avions aussi en Europe les filières de production des technologies nécessaires à la production d'énergie solaire et d'éoliennes, jusqu'aux batteries qui en sont l'appendice essentiel. Sur ces dernières, l'Italie avait même réalisé des « joint-ventures » très intéressantes, il y a une trentaine d'années, qui l'avaient placée aux premières places mondiales.

Aujourd'hui, c'est malheureux de le constater, la plupart des composants technologiques et des produits finis pour les sources d'énergie alternative viennent d'ailleurs. Ceci se superpose au constat de notre dépendance totale pour la fourniture de gaz naturel, dont nous (re)découvrons toute la sensibilité avec l'éclatement de ce terrible conflit entre la Russie et l'Ukraine. Nous nous trouvons à un croisement très délicat. Nous devons opérer une transition énergétique historique – surtout si le choix de la sortie du nucléaire se confirme dans la décennie en cours –, mais nous ne maîtrisons vraiment ni les ressources naturelles ni les filières alternatives.

C'est un constat dur mais factuel. Pendant que nous nous posons énormément de questions, les Américains et les Chinois, eux, sont loin devant dans la production d'énergie et de technologie du futur. Les Américains ont pris le relais concernant la recherche sur le nucléaire propre. Le gaz que nos consommateurs européens utilisent pour se chauffer vient principalement de l'étranger, alors que nous aurions la possibilité de mieux exploiter les ressources de notre propre continent. Même sans aller dans le domaine de la ressource naturelle ou de la technologie de filière, et en regardant la production totale d'énergies renouvelables et sa croissance, une étude récente du World Economic Forum montre que la Chine est désormais largement devant tout le monde, suivie par les États-Unis et ensuite par l'Inde. L'Europe arrive en quatrième position.

C'est plus que surprenant. En Europe, on hurle haut et fort l'importance des valeurs, l'inquiétude sur l'impact du réchauffement climatique sur notre planète, le manque de responsabilité des autres gouvernements. Mais le constat est impitoyable coté business : même avec des gouvernements en retrait sur le débat global, les entreprises des trois autres zones géographiques avancent beaucoup plus vite. Ce n'est ni cohérent, ni acceptable, ni soutenable à moyen terme d'un point de vue purement économique. Cela impliquerait encore une fois d'importer de l'énergie pour nous permettre de décommissionner les centrales nucléaires d'ancienne génération. Cela occasionnerait donc encore plus de dépendance géopolitique et économique, et un PIB partant se développer ailleurs.

D'autres études récentes ont justement démontré que, avec les bons investissements dans les dix prochaines années, non seulement l'Europe arriverait à une neutralité carbone en

2030 mais que le bilan serait surtout très positif d'un point de vue économique. Cela pourrait créer un élan industriel conséquent, plus de PIB, plus d'exportations, plus d'autonomie. Voilà encore un élan décisif que nous devons absolument prendre : développer d'abord une vision industrielle, définir un cadre juridique avec des temps définis et clairs pour la mise en place de la transition, et surtout mobiliser des investissements pour renforcer le mouvement.

L'étude la plus complète sur le sujet, je l'ai déjà citée, est « European Governance of the Energy Transition », réalisée par Enel avec la société de conseil The European House-Ambrosetti. Elle décrit merveilleusement bien les investissements qui sont impératifs aujourd'hui et les bénéfices énormes qui en résulteraient.

Permettez-moi de lancer un appel à vous tous, lecteurs. En l'absence d'information sur la manière dont les autres joueurs vont se comporter, ne commettons pas l'erreur de prendre individuellement la plus mauvaise décision. En attendant la décision des autres, prenons tout de suite nous-mêmes, citoyens, dirigeants d'entreprise, dirigeants politiques la bonne décision. Celle de changer nos comportements et d'entreprendre des actions sérieuses à notre échelle et dans le cadre de nos responsabilités.

Soyons, comme le suggérait fort bien le mahatma Gandhi au siècle dernier, acteurs, dès aujourd'hui, du changement nécessaire que nous voulons voir se réaliser dans le monde.

7. La transformation des territoires

Pendant mes quatre années à la tête de Microsoft France, j'ai consacré une grande partie de mon temps à développer une relation partenariale avec nos clients afin de les accompagner dans leur transformation digitale. Si la proximité relationnelle avec mes interlocuteurs – dirigeants, entrepreneurs ou startupeurs – constitue l'un des critères clés pour instaurer la confiance, la proximité géographique joue elle aussi un rôle non négligeable. Mes déplacements sur le territoire français, de Nantes à Bordeaux, de Brest à Lyon, de Toulouse à Marseille, notamment pour inaugurer les « Expériences Lab » de l'Hexagone ou annoncer l'ouverture d'une nouvelle École IA Microsoft, sont venus étayer cette conviction.

C'est au plus près de nos publics et des régions, dont je sais combien elles sont le cœur battant de notre économie, qu'une entreprise de technologie pourra contribuer à faire de la France une nation d'avant-garde. Je suis convaincu que *c'est en raisonnant à l'échelle de tous les territoires, en les modernisant, en les préparant au futur, en motivant leurs forces vives avec de la formation et de l'inspiration, qu'un pays peut réussir.*

J'avais acquis cette conviction en Italie quand j'avais eu le plaisir de présider le comité pour le développement des petites et moyennes entreprises italiennes au sein de Confindustria Digitale, la section nouvelles technologies du Medef local. J'avais convaincu toutes les entreprises de la tech d'organiser ensemble un tour d'Italie pour faire de la pédagogie auprès des entrepreneurs locaux. Nous avons fait deux fois le tour du pays. Les événements se sont rapidement étendus à toutes les forces vives des villes visitées. D'une petite centaine d'entrepreneurs lors des premières visites, nous avons terminé avec des salles bondées de centaines de personnes, des étudiants, des professeurs universitaires et des entrepreneurs. J'avais remarqué à l'époque qu'une journée dans une ville était une façon assez incroyable d'en mesurer la température mais aussi celle de la région. Quel enthousiasme de la population pour le futur, quelle faim de connaissance, quelle ambition pour la transformation de leur territoire, quelles synergies entre les politiques et les associations indépendamment des couleurs des partis. Une somme d'énergies désormais indispensable pour préparer le futur de ce que j'appelle « la ville monde ». Un contexte fertile de connaissance et de production de valeur exploitant au mieux le croisement entre innovation et tradition. Afin de permettre à une ville d'être actrice de son destin en étant connectée de façon efficace et équilibrée aux opportunités positives offertes par la globalisation. Tout en restant bien ancrée dans ses valeurs et en profitant de la qualité de vie locale.

Le dynamisme d'une région est un équilibre délicat à alimenter et à renforcer dans le temps. Il faut composer avec ses filières d'excellence, ses start-up, ses entreprises, ses acteurs économiques, ses décideurs politiques, ses associations ou encore ses écoles et universités. Tous ces ingrédients permettent de réaliser une recette unique et grandiose, avec des racines séculaires, et un futur imaginé et désiré collectivement. Une communauté bien alignée sur un territoire aimé et respecté est une énorme opportunité de création d'énergie pour les citoyens et l'économie.

Je suis persuadé que personne ne peut réussir seul une quelconque opération d'innovation et de création de valeur avec une projection vers le futur. Je crois fermement aux logiques d'écosystèmes. Sur un territoire, cela se traduit, à mon avis, par un sens de responsabilité pour contribuer à lancer un cercle vertueux de l'innovation. Cercle où toutes les entreprises d'un même secteur ou intersectoriel, en fonction de l'initiative, libèrent leur potentiel. Selon la richesse industrielle d'une ville, ce sera parfois l'agriculture ou « la ville intelligente » et les transports. Mais cela pourra être aussi la santé, l'énergie ou les services financiers. Et ainsi de suite, selon la tradition et les élans spécifiques de chacun.

C'est précisément parce que l'IA concerne tout le monde, en bouleversant les codes, qu'elle implique des responsabilités et une réflexion sur ses enjeux et son influence sur la société. Ces enjeux doivent engager le bon niveau de débat et de discussion, même au niveau local. Après avoir identifié les problématiques, les participants peuvent travailler ensemble pour proposer des solutions concrètes. Le regard avisé des territoires sur les grands sujets éthiques qui concernent les citoyens constitue un vrai plus.

J'ai hâte de voir les entreprises de la tech jouer un rôle plus fort et engagé sur les territoires. Pour constituer un trait d'union entre les différentes forces vives d'une région et faire battre ainsi le cœur de l'innovation. C'est ce que j'ai essayé d'insuffler pendant dix ans avec Microsoft en Italie et en France. Je garde des souvenirs merveilleux de toutes nos expérimentations, de tous nos meetings et de toutes nos initiatives. Je suis heureux de constater que ces activités continuent et que les résultats se multiplient dans le temps.

Ma vision pour le monde dans lequel nous vivons est simple. Une fille ou un garçon qui naissent dans une ville ou dans un village – lequel fait partie d'une région faisant elle-même partie d'un pays – sont des pépites d'intelligence. Ils évoluent dans un contexte bien particulier. Un contexte fait de culture, de valeurs précises et identifiables, de traditions, de relations. Ils grandiront avec un énorme lien avec ce lieu. Ils lui devront leur jeunesse, leurs souvenirs, leurs amours. Ils souhaiteront y vivre ou y retourner, comme on rentre à « la maison ». Ce lieu a probablement toutes les caractéristiques pour offrir une qualité de vie, unique et différenciée, que ces enfants, et peut-être d'autres, voudront choisir un jour. Ne voudriez-vous pas vous-même passer plus de temps dans le lieu de votre enfance ? Ou dans un autre endroit magique que vous aimez et qui vous rappelle des sensations lointaines ?

Ce lieu magique ayant accueilli leur enfance est un endroit (potentiellement) moderne et connecté. Il leur donne accès à tout le savoir, à tous les médias et contenus, à toute l'éducation. À toutes les opportunités, en somme, de la planète entière.

Si ces jeunes veulent construire leur futur dans leur lieu de prédilection, ou en choisir un autre à leur convenance qui ne soit pas une métropole concentrant tous les pouvoirs de la terre, ils *seront enfin libres d'avoir du succès là où ils le souhaiteront. C'est ça la grande opportunité offerte par la technologie !*

Je pense que nous devons bien réfléchir, et aussi certainement beaucoup agir, pour que cette promesse devienne réalité. En le faisant déjà dans les régions et les quartiers les moins favorisés de nos pays occidentaux et, ensuite par translation, dans tous les pays émergents du monde.

Je suis profondément convaincu que le monde du siècle prochain sera une toile de Villages Monde. Des endroits que les femmes et les hommes auront choisis pour la qualité de vie qu'ils proposent et les opportunités infinies qu'ils permettent grâce à la connexion, via la technologie, au reste du monde. La crise du Covid-19 a fourni un bon exemple de cette tendance de fond. Énormément de personnes et de familles ont rêvé de passer le confinement dans des endroits plus agréables. Le futur verra une multiplication à grande échelle de cette tendance. Cela sera bénéfique pour le bien-être des citoyens qui pourront trouver un meilleur équilibre entre vie personnelle et vie professionnelle. Mais aussi d'un point de vue économique en permettant de développer de façon plus homogène et cohérente l'ensemble de la planète. Cela sera bénéfique à la sphère publique : la décentralisation permettra une meilleure distribution de l'opportunité de développement et une diminution des risques. Enfin, cette distribution plus homogène de la création de valeur pourra participer à une atteinte plus simple des objectifs planétaires. Ce qui nous permettra de rester, à échelle globale, à l'intérieur du cercle vertueux du « donought ».

En effet, les territoires connectés vont avoir une plus forte capacité productive. Cela fera diminuer le besoin de production largement centralisée dans certaines zones géographiques, ce qui constitue une des grandes raisons de déséquilibre pour les ressources naturelles liées aux chaînes logistiques. *Si nous fournissons un effort significatif pour donner des opportunités égales à tous les jeunes de la planète, nous évoluerons dans un monde plus équilibré et plus serein. Et ce, avec une qualité de vie plus homogène et un impact positif sur la consommation des ressources naturelles.*

8. L'inclusion et l'engagement

Au printemps 2002, j'ai eu la chance d'être sélectionné dans un groupe de talents à « haut potentiel » par les cadres d'IBM. Avec un magnifique groupe de collègues, je me suis retrouvé à Armonk, dans l'État de New York, au siège de l'entreprise, pendant une semaine. Nous avons travaillé ensemble sur la politique et la gouvernance de la diversité et de l'inclusion pour notre corporation. Une incroyable opportunité pour avoir de l'impact.

Nous sommes tous arrivés en ayant fait un peu de devoirs à la maison, en lisant les documents sur la politique existante, mais aussi bon nombre d'articles sur la question. Le début de la semaine a été dédié à la discussion, à la réflexion, avec la participation d'un certain nombre d'intervenants externes, mais aussi des présentations des représentants des ressources humaines en charge du sujet. La seconde partie de la semaine, nous avons construit ensemble les principes fondateurs pour une évolution de la politique de diversité et d'inclusion d'IBM. Vous pouvez imaginer l'honneur et la responsabilité que cela représentait. Cela a été une occasion de réflexion profonde et d'introspection. Je peux le dire presque vingt ans après : je me suis rendu compte que, malgré de bonnes intentions, j'avais tout faux.

Je venais, depuis peu, d'avoir en charge la division d'intégration réseau. Le business était très intéressant, mais pas assez profitable. Il fallait réimaginer complètement la façon d'opérer : comment et quoi vendre, comment qualifier les affaires et les engager, comment organiser la réussite des projets… Fier de ma nouvelle mission, j'avais décidé de choisir quelques talents clés pour venir enrichir l'équipe et relancer le business. Ingénieur de formation, homme blanc de 31 ans, j'ai choisi trois talents très chevronnés. Trois hommes de 31, 31 et 32 ans, blancs, ingénieurs, avec qui j'avais déjà travaillé…

Vous pouvez comprendre l'amertume de la découverte, pendant l'atelier d'IBM, de ce que cela signifiait. Comment, en pensant bien faire, j'avais pu donner un si piètre exemple d'ouverture mentale. Comprendre la diversité et l'inclusion passe d'abord par admettre, digérer, intérioriser un principe fondamental. *Connaître et composer avec ceux que nous ne connaissons pas apporte une création de valeur profonde*, nous ouvre l'esprit et nous permet de mieux comprendre un contexte, de mieux résoudre les équations complexes. Cela nous améliore en tant que personne et en tant que professionnel.

Nous construisons dans le temps, tous, et sans nous en rendre compte, des biais cognitifs. Et nous subissons pour de multiples raisons une pression, à la fois externe et interne, quand nous devons prendre des décisions pour la constitution d'une équipe.

La diversité de genre

Depuis cet « incident » chez IBM, j'ai suivi un long parcours pour approfondir ce thème et découvert une vraie passion pour le sujet. Quand j'ai piloté l'équipe de Microsoft Italie, nous avons réalisé un vrai travail de fond. À mon départ, j'ai laissé derrière moi une filiale avec une présidente, une équipe de direction en parité et une organisation bien plus équilibrée que celle dont j'avais pris les reines cinq ans auparavant.

Nous avons réalisé même des résultats encore plus brillants chez Microsoft France, qui a maintenant une équipe de direction parfaitement homogène, une première femme présidente, et aussi un bel équilibre au niveau du corps managérial et des dirigeants. En quatre ans, nous avons fait progresser l'équilibre général de plus de cinq points, avec une parfaite parité salariale.

Ce type d'engagement m'a permis de me rendre compte de combien il était difficile de réunir les conditions du succès pour tous dans un monde avec encore énormément de réflexes ancrés dans le passé. *Avec le rythme en cours, je peux affirmer qu'il nous manque encore 30 à 50 ans, en fonction de la détermination qu'on y mettra, pour changer cela.* Arriver à ce qu'une jeune femme de 20 ans, envisageant une quelconque carrière, se retrouve dans un monde où l'équilibre existe. Non seulement au niveau de l'entreprise mais jusqu'aux postes de dirigeants, de présidents, de ministres et ainsi de suite. C'est malheureusement énorme, mais mathématique, et bien le résultat de notre vitesse d'exécution actuelle.

En 2022, franchement, je trouve inconcevable que mes deux nièces de 17 et 23 ans, quand elles regardent nos entreprises, nos institutions, nos dirigeants, nos PDG et nos ministres, se trouvent encore dans un monde avec une majorité d'hommes aux manettes. Je souhaite de tout cœur un monde où mes deux nièces, brillantes, imaginent leur futur professionnel avec les mêmes envies, les mêmes possibilités de parcours, les mêmes opportunités de réussite que mes deux neveux, tout aussi brillants.

Un peu de militantisme fait du bien

Je suis ravi de partager avec vous l'engagement pris en 2018 par toute l'équipe dirigeante de Microsoft France de progresser davantage vers l'égalité des sexes dans l'écosystème numérique français. Ensemble, en équipe mais aussi en tant qu'individus, nous avons signé la charte #JamaisSansElles. Un mouvement lancé par des dizaines d'entrepreneurs humanistes français et publié en 2016 dans le magazine *Le Point* qui s'est depuis développé en France. En signant la charte, nous nous sommes engagés à promouvoir activement la présence des femmes en tant que conférencières lors d'événements publics, de panels, de tables rondes, de jurys, de conventions... Et, puisque cela ne nous semblait pas suffisant, même lors de toutes les réunions d'affaires impliquant plus de trois collègues.

Certains rétorqueront que ce n'est que symbolique. Je peux vous assurer que nous avons pris cet engagement au sérieux. Nous avons découvert qu'il était très difficile de le respecter au quotidien, beaucoup plus que ce que nous avions imaginé au départ.

Nous avons veillé à ce qu'au moins une femme soit présente sur scène lors de tous les événements publics auxquels nous participions. Si tel n'était pas le cas, nous avons proposé quelqu'un de l'entreprise ou du réseau #JamaisSansElles. Ou bien, si ce n'était pas possible, nous avons refusé l'opportunité en raison de l'engagement que nous avions pris.

En décembre 2019, alors que je devais participer à une table ronde lors d'une convention d'un client important au Palais des Congrès de Paris, je me suis rendu compte à la dernière minute que le casting avait évolué. J'allais me retrouver dans un panel complètement masculin. À cinq minutes du début, j'ai demandé à Thierry, le PDG de l'entreprise, d'inviter sa directrice administrative et financière à monter sur scène et d'improviser une nouvelle dynamique de discussion. Cela s'est d'ailleurs merveilleusement bien passé. Quand Thierry m'a réinvité l'année suivante, la mémoire était encore vive. Il n'y a rien eu à faire pour participer à une table ronde parfaitement représentative des deux sexes.

Nous avons aussi connu des moments où nous n'avons pas pu éviter un environnement s'avérant exclusivement masculin à la dernière minute. Dans cette situation, comme la charte le demande, il a été de notre devoir de nous référer aux engagements pris et de réaffirmer publiquement notre intention de promouvoir l'égalité des sexes avant de prendre la parole. Une anecdote croustillante. En mars 2020, j'ai participé à une réunion avec la direction informatique de la SNCF. Du côté de Microsoft, oh surprise !, je me suis retrouvé dans une équipe non pas de trois, quatre ou cinq hommes, mais sept ! Bien sûr, l'équipe a eu droit à un moment de coaching à la fin du meeting ! Mais ce qui m'a fait plaisir, c'étaient les yeux de la patronne des opérations de la SNCF qui brillaient quand j'ai utilisé mes quelques minutes d'introduction pour établir une mise au point sur notre engagement en matière de diversité. Je pense que nos collègues de la SNCF se rappellent encore de cette réunion.

Je suis profondément convaincu qu'il est de notre responsabilité d'agir positivement pour nous assurer que les femmes aient la possibilité de déployer entièrement leurs compétences et leur valeur sur le marché et dans la société.

Rejoindre #JamaisSansElles a été une étape supplémentaire importante et enrichissante qui est venue s'ajouter à notre engagement à long terme en faveur de l'égalité des sexes. Non seulement dans le monde numérique mais aussi dans la société. Nous avons travaillé à ouvrir l'écosystème numérique aux femmes, mais aussi à susciter de l'intérêt et des ambitions professionnelles chez les plus jeunes à travers des initiatives comme le programme mondial « DigiGirlz » et nos partenariats avec la « Journée de la femme digitale » ou la fondation Femmes@Numérique, pour n'en citer que quelques-unes. Les technologies numériques telles que l'intelligence artificielle doivent d'ailleurs absolument être développées par les hommes et les femmes pour éviter tout biais dans les algorithmes et s'assurer que les services et les solutions soient inclusifs pour tous.

Microsoft France a été la première entreprise en France à modifier et à étendre la charte au niveau de l'ensemble de l'organisation. Nous en avons été très fiers, et nous avons été suivis par un grand nombre d'entreprises françaises et multinationales opérant en France. J'espère que cette action pourra contribuer à ce que l'environnement numérique que nous définissons actuellement serve l'humanité dans son ensemble, et non pas seulement la moitié de celle-ci. La diversité nous enrichit, elle est un atout clé pour développer un monde souhaitable.

La diversité des origines

Au-delà de la diversité de genre, nous avons développé chez Microsoft France d'autres actions importantes, dont je suis fier. Nous avons essayé de faire progresser les mentalités, et aussi nos actions, sur bon nombre de sujets.

Nous avons travaillé sur l'équilibre entre les générations. Nous avions désormais cinq générations dans une seule organisation. Nous devions réussir à maîtriser l'apport de valeurs de tous les collaborateurs pour ce qu'ils ont d'unique à apporter aux autres.

Nous avons permis à toute la communauté LGBT de développer un plan non seulement pour notre entreprise mais aussi avec nos partenaires. Rien qu'en quelques années, nous avons vu une vraie différence sur les mentalités et, donc, sur le bonheur de nos collaborateurs. Lesquels trouvaient que l'ouverture sur ce sujet n'était vraiment pas au bon niveau cinq ans plus tôt.

Grâce à Philippe et à tous les collègues impliqués, nous avons continué à effectuer un travail de fond sur le handicap et l'accessibilité. En nous appuyant d'ailleurs sur des produits Microsoft extraordinaires pour assurer un accès plus facile à la technologie et, à travers elle, à la connaissance et au travail. Je suis particulièrement fier de l'accueil de 15 apprenants ayant différentes formes d'autisme dans une classe d'intelligence artificielle. C'est une magnifique initiative qui démontrera combien l'intégration de ces talents rend une équipe de « data scientists » plus efficace !

Je souhaite tout particulièrement mettre en avant l'initiative la plus récente. La nouvelle équipe sur la « diversité des origines », sponsorisée par Dominique et Laurent, sera très structurante pour le futur.

En France, et plus généralement en Europe, nous avons pendant très longtemps concentré notre attention sur certains aspects de la diversité, certes fondamentaux, mais en sous-évaluant, plus ou moins sciemment, d'autres formes importantes d'inclusions. Tout est né d'une question très simple : nous souhaitons que notre organisation soit le reflet de la société dans laquelle nous vivons. Mais nous avons un personnel qui ne correspond pas à la population française. Ensuite, il y avait des sujets tels que la couleur de la peau, la culture, la provenance géographique de la famille, la classe sociale, les études dans des écoles plus ou moins prestigieuses, la religion, dont nous évitions totalement de parler en craignant de commettre des erreurs. La direction des ressources humaines, dans le passé, nous a toujours dit que nous ne pouvions absolument pas faire des discriminations, des statistiques ou des calculs sur ce genre de choses, car cela pouvait avoir un impact sur la vie privée des collaborateurs.

Avec cette excuse, nous nous sommes cachés derrière une loi sur le respect de la vie privée en occultant la question de l'égalité des chances de nos talents indépendamment de leur origine. Et nous nous sommes retrouvés avec un vrai écart cognitif et managérial sur le sujet.

Nous avons donc mis en place un groupe de travail qui a commencé à définir différents axes de réflexion et mesures; puis qui a réalisé des interviews vraiment magnifiques et émouvantes de certains de nos collègues. Celles et ceux qui ont bien voulu se prêter à l'exercice et nous dévoiler, en prenant le risque de parler de sujets vraiment très personnels, des aspects de leur vie, de leur personnalité et de leur histoire, que nous ignorions. Cela nous a donné une si belle perspective sur leur parcours et leur carrière, que d'ailleurs vous pouvez toujours retrouver en ligne[9]. J'ai hâte de voir comment ce travail sur la diversité des origines va progresser chez Microsoft France. Et si cette initiative pouvait être un exemple dans l'Hexagone, voire plus largement, pour traiter un vrai sujet de société qui a trop longtemps été stigmatisé.

L'engagement solidaire

Une réelle prise de conscience s'est opérée ces derniers mois au sein des entreprises. Elles commencent enfin à se poser plus profondément et sincèrement la question de comment générer un impact bénéfique sur l'ensemble de la société.

9. https://ambitions.microsoft.fr/.

Parmi les leviers identifiés, l'entrepreneuriat social, encore peu développé il y a quelques années, s'affirme comme un vecteur de solutions. Il s'agit ici de trouver comment concevoir une autre économie pour demain, plus durable, en s'appuyant sur l'innovation sociale.

Le développement de projets sociétaux innovants passera nécessairement par l'accélération des collaborations entre les entrepreneurs sociaux et les entreprises du numérique. Ces partenariats permetteront aux entreprises sociales de transformer leurs innovations, d'accéder à de nouveaux marchés, et surtout d'augmenter la portée de leur impact. Une répercussion sur la société dans son ensemble, mais aussi une forme d'acculturation des entreprises à des pratiques plus inclusives et durables.

Avec Microsoft France, nous nous étions engagés depuis de nombreuses années à faire de la *Tech for Good*, de la technologie pour le bien, une réalité. En fournissant des solutions technologiques et du savoir-faire, nous avons accompagné celles et ceux qui œuvrent pour la résolution des problèmes sociaux et humanitaires au profit d'un monde durable et inclusif. Pour mener à bien cette mission, nous avons fait appel à la force du collectif et mobilisé un écosystème afin de contribuer au développement d'innovations à impact positif. C'est ainsi que nous nous sommes associés à Ashoka pour accompagner cinq projets d'entrepreneuriat social sélectionnés par l'ONG fondée en Inde par Bill Drayton dont le slogan est : « Tous acteurs de changement ! »

Nous avons aussi développé un programme de mécénat de compétences baptisé #ShareAI. Il permet de mettre la technologie et l'intelligence artificielle au service des entrepreneurs sociaux avec des moyens, des ressources et du savoir-faire. Grâce à cette initiative, nous avons encadré, aux côtés de douze de nos partenaires, plus d'une vingtaine de projets ces deux dernières années.

En 2020, avec Avanade et Accenture, nous avons, par exemple, accompagné BeeOdiversity, une start-up spécialisée dans le calcul de la pollution et de la biodiversité via l'analyse du pollen récolté par les abeilles. BeeOdiversity apporte visibilité et conseil aux grandes organisations, mais également auprès du grand public, pour améliorer leur implication sur la biodiversité. Parmi les projets développés, j'en citerai deux. BeeOimpact, une plateforme B2B pour disposer d'une vision globale sur l'évolution de la biodiversité et de la pollution des sites de production de grandes structures. BeeOgarden, une application grand public qui conseille sur les plantations à effectuer et la manière de gérer ses espaces verts pour avoir un impact positif sur la biodiversité. En accompagnant BeeOdiversity, nous pouvons ainsi mobiliser et aider à agir de façon positive des industriels, des collectivités et les citoyens que nous sommes. En réunissant entrepreneurs, partenaires et collaborateurs, nous avons construit une approche par écosystème visant à transformer, grâce à l'innovation sociale, les filières pour un impact global positif.

Le mécénat de compétences permet de redonner du sens au travail dans la période actuelle. C'est particulièrement vrai en temps de crise. Valoriser l'implication de ses collaborateurs dans les programmes de mécénat de compétences permet de renforcer le sentiment d'utilité sociale et d'appartenance à la communauté. Depuis le lancement de Share AI en 2019, des centaines de collaborateurs de Microsoft et de ses partenaires se sont engagés sur la base du volontariat à donner de leur temps et à partager leur expertise pluridisciplinaire pour aider les membres du programme à développer leurs solutions. Une initiative fédératrice et stimulante qui vient aussi répondre à une quête de sens de plus en plus recherchée, quelles que soient les générations.

Une autre belle réalisation concerne le monde de l'agriculture et de l'élevage. En rassemblant leurs énergies et compétences autour du projet « En Direct des Éleveurs », dont les produits laitiers sont certifiés et labellisés, plusieurs collaborateurs de Microsoft France ont contribué à favoriser une plus grande transparence alimentaire, dans le souci commun d'une meilleure nutrition pour tous.

Je suis convaincu que, *quel que soit son secteur d'activité, l'entrepreneuriat social a la vertu de redonner du sens à l'économie et tend à réconcilier rentabilité économique et performance sociétale.* C'est là qu'une entreprise du numérique a un vrai rôle à jouer pour mettre ses technologies et ses innovations au service des entrepreneurs sociaux afin de leur permettre de changer d'échelle en imaginant de nouveaux modèles économiques. En ce sens, Microsoft a fait son maximum pour supporter les solutions d'entrepreneurs sociaux afin de leur permettre de passer à l'échelon supérieur.

Le programme GSE, « Global Social Entrepreneurship », a soutenu les start-up à impact social avec de la technologie, des connexions avec des partenaires potentiels et des subventions afin qu'elles puissent se concentrer sur la concrétisation de leur vision.

Il s'agit là d'un apprentissage essentiel que j'ai fait au fil des années. Seule l'émergence de plateformes d'écosystèmes et de coalitions, reposant sur une mise en commun des expertises et des technologies, permettra de répondre aux grands défis de notre société. Et de faire naître, je l'espère, des modèles économiques durables.

9. Le leadership du futur

En ce début d'année 2022, porteuse à la fois d'espoir et d'inquiétude, et toujours marquée par un niveau d'incertitude important, j'ai pris le temps de réfléchir aux événements survenus ces dernières années, aux enseignements que j'ai pu tirer de cette expérience inédite et à la manière dont ces derniers vont influencer ma stratégie et mon plan d'action pour le futur.

La pandémie a souligné le caractère crucial d'une bonne exécution opérationnelle et démontré que, quand cette dernière était défaillante, les conséquences pouvaient être souvent très lourdes. En tant que citoyens, nous avons pu constater les difficultés rencontrées par nos dirigeants. De la compréhension même de la gravité de la pandémie à l'utilisation des masques et à la logistique, à la mise en place des confinements et à l'application du couvre-feu, à la distribution des vaccins, ou encore à l'exécution des soins.

Ce constat a pu également être appliqué au monde économique. Quand certaines organisations ont été capables de tirer parti de processus résilients et digitalisés, passant avec rapidité et succès à une gestion à distance de leurs activités, beaucoup d'autres n'ont pas pu ou su réagir avec l'agilité nécessaire dans des circonstances extraordinaires et sont restées statiques, voire bloquées.

Nous avons depuis compris combien cet équilibre délicat entre stratégie et exécution est central pour la réussite d'une opération. Un article passionnant de la *Harvard Business Review*, écrit par Rosabeth Moss Kanter et intitulé « Smart Leaders Focus on Execution First and Strategy Second », l'anticipait déjà en 2017. Nous ne pouvions honnêtement pas en avoir une meilleure, ni une plus forte démonstration avec la gestion de cette crise pandémique.

Ma résolution pour 2022, et le futur, est de m'assurer de l'importance que j'accorde à l'exécution dans la gestion des opérations dont je m'occupe. Cela concerne la manière dont je contribue à la réussite des organisations avec lesquelles je travaille. Mais aussi l'évaluation de la performance de leurs dirigeants, ou encore la précision avec laquelle j'organise mon emploi du temps chaque semaine pour m'assurer que cette « culture axée sur agilité, efficacité et succès » puisse être insufflée avec plus de force à l'ensemble des opérations.

Si le premier confinement au printemps 2020 a été difficile à gérer d'un point de vue opérationnel en imposant massivement le télétravail dans des délais très courts, les périodes successives de confinement de l'automne 2020 et de 2021 ont fait émerger des difficultés plus profondes, relatives au bien-être et au moral des équipes. Dans un monde « tout virtuel », rester motivé, comme garder son dynamisme au quotidien, se révèle particulièrement complexe tant nous tirons une quantité incroyable d'énergie de nos interactions avec les autres.

Chacune et chacun d'entre nous a pu réaliser à quel point il peut être difficile de trouver son équilibre personnel afin de conserver un niveau élevé d'énergie. Le travail à distance au quotidien a également mis à jour des disparités au sein des équipes. Certaines s'adaptant avec davantage d'agilité et de flexibilité que d'autres à ce nouveau contexte de collaboration.

Je suis convaincu que *le leadership consiste avant tout en la capacité à créer le cadre adéquat pour que les équipes puissent s'épanouir et être performantes.* La crise pandémique en a été une implacable démonstration. Les dirigeants qui font preuve d'empathie s'avèrent être meilleurs dans la mobilisation des équipes, la recherche du bien-être collectif et le maintien d'un cap commun, même dans une situation complexe. *Nous avons (re) découvert que nous voulons tous travailler avec des personnes qui nous font nous sentir bien.* Et certains comportements que nous avons parfois interprétés, à tort, comme « inhérents » à l'industrie ou à l'organisation pour laquelle nous travaillons semblent maintenant obsolètes, voire irrespectueux, et, à coup sûr, la plupart du temps inappropriés.

Ma résolution personnelle pour 2022 et l'avenir est de consacrer plus de temps au renforcement de ce cadre de développement au sein des organisations avec lesquelles je travaille. Je privilégierai davantage la qualité du temps passé avec les personnes que je rencontre dans un cadre professionnel, et m'assurerai d'incarner au quotidien mes valeurs d'inclusion et de diversité.

Un autre enseignement que je tire de la période de crise concerne la résilience, un sujet clé tant au niveau personnel que professionnel.

En grandissant, certains diraient « en vieillissant », nous acquérons une meilleure compréhension de nos forces et faiblesses. Nous pouvons mobiliser ces connaissances pour nous adapter aux changements de notre environnement. Nous devenons peu à peu plus affûtés dans la gestion de notre équilibre personnel, malgré les défis que la vie peut nous imposer, l'incertitude, ou encore le manque de « filets de sécurité humains » qui peuvent transformer notre quête de bien-être en véritable combat.

Au niveau professionnel, la résilience est une qualité vitale, car même l'organisation la plus performante peut avoir davantage de difficultés à conserver son statut de leader si elle ne sait pas s'adapter à un nouveau contexte. La vitesse à laquelle les industries se transforment est en constante accélération. *Ce qui fait de la résilience l'outil de survie le plus puissant d'une organisation, quelles que soient sa nature et sa structure.*

La capacité à identifier les obstacles et les difficultés puis à les contourner est une compétence absolument essentielle. Elle nécessite une formation. *Faire preuve de suffisamment d'humilité pour prendre les bonnes décisions, même dans des temps difficiles, et savoir « pivoter » les statu quo, sont des actions qui demandent du courage.*

Ma résolution personnelle pour le futur est d'écouter davantage les personnes avec qui je travaille lorsque apparaissent des problèmes ou des obstacles, de reconnaître les difficultés, et de passer le temps nécessaire à trouver les solutions appropriées avec rapidité et agilité. Parce qu'en réalité, avec notre intelligence collective, il n'y a rien que nous ne puissions résoudre.

Le contexte qui change autour de nous

Au fil du temps, j'ai appris à reconnaître, à apprécier et à valoriser les caractéristiques clés des leaders qui réussissent et qui apportent une vraie valeur auprès des personnes et des organisations avec lesquelles ils travaillent. Il existe de nombreux styles, de nombreuses caractéristiques personnelles qui peuvent mener au succès. Au cours de ces dernières années, j'ai eu la chance d'embaucher en Italie et en France des dizaines de manageurs et plusieurs centaines de collaborateurs. Cette expérience incroyable m'a aidé à réfléchir sur les caractéristiques qui apporteront le succès pour l'avenir. Je dirais qu'il y a un sous-ensemble de compétences plus précieuses que d'autres dans le contexte dans lequel nous vivons.

Nous devons bien reconnaître plusieurs éléments fondamentaux dans la façon dont chaque organisation moderne doit fonctionner. D'abord, *le monde est plein d'ambiguïtés.* Les frontières des problèmes que nous voulons résoudre sont floues et changeantes, nous devons tous apprendre à vivre avec cet état de fait. Nous devons être agiles, capables d'agréger les bonnes compétences au bon moment. Et, au-delà des frontières d'une organisation, pour résoudre les petites et les grandes équations, avoir la persévérance de continuer à trouver des solutions de façon itérative pour affronter des défis. Qui, eux, se représentent systématiquement, à un rythme différent et souvent sous une autre forme.

Les marchés dans lesquels nous opérons sont de plus en plus complexes, multidisciplinaires et volatils. Tout ce qui est discipline de base devient un facteur d'hygiène. Il doit être intrinsèque au travail de tous, sans inspection ou contrôle, car cela fait perdre efficacité et compétitivité sans ajouter aucune valeur distinctive. Notre niveau de jeu doit être, constamment, le meilleur possible. Cela demande non seulement une qualité de nos compétences mais aussi une profonde attention à nos interactions avec les autres. L'apprentissage continu et la curiosité incessante sont indispensables pour rester à l'écoute avec un rythme d'innovation rapide, tant pour l'individu que pour l'ensemble de l'organisation.

En ce qui concerne les valeurs, il devient nécessaire d'aller au-delà de l'attitude de façade. La question n'est plus de respecter des règles qu'un État, une société ou une entreprise établissent. Il s'agit de prendre à bras-le-corps les sujets, s'en approprier, et les traiter avec honnêteté intellectuelle et profondeur. Sans proactivité et sans conviction, les limites de la démarche seront vite visibles en surface. Elles feront perdre toute crédibilité à un discours, une posture, une initiative ou une gouvernance.

Les talents d'une organisation souhaitent voir autour d'eux, et chez leurs leaders, *de la transparence, de la simplicité et une véridicité* autrefois impensables. Aujourd'hui, personne n'a envie de suivre un leader qui fonctionne avec les mécanismes de la peur, de la contrainte, du jugement et de la menace. Les talents quittent une entreprise à 80 % à cause d'une mésentente avec leurs manageurs. Les organisations qui ne savent pas choisir les leaders sur la base de principes et de comportements modernes en subiront très vite toutes les conséquences.

La complexité des matières que nous traitons nous oblige aussi à avoir aujourd'hui zéro tolérance pour le manque d'esprit collaboratif. Nous avons vécu avec des compartiments dans pratiquement toutes les organisations humaines du monde. C'est désormais impensable. Un vrai talent doit se réinventer avec une collaboration structurée par définition, au risque d'être tout simplement évincé de l'organisation. *L'efficacité du travail d'équipe l'emporte sur le talent individuel, dans tous les champs du travail.*

L'orientation vers le client ne peut pas être juste une affirmation écrite dans une mission d'entreprise. Ça doit être le mantra de l'organisation. En cas de conflit, elle doit être systématiquement privilégiée par rapport à tout raisonnement d'optimisation interne. La grande majorité des organisations que je connais sont encore loin d'un tel niveau de qualité et d'engagement. Elles seront donc dépassées, plus tôt que tard, par des compétiteurs plus sincères et proactifs.

La vitesse de transformation des industries est telle que chaque organisation, chaque entreprise doit se réinventer en permanence. Cela fait croître de manière significative le besoin de créativité dans les équipes. *La capacité de concevoir, de dessiner ce qui n'existe pas est un talent qui va devenir de plus en plus demandé.* Là où, il y a quelques décennies, on allait privilégier la connaissance et la précision dans l'exécution.

Du fait de cette même vitesse de transformation, les individus et les organisations doivent mieux assimiler la capacité de *prise de risque.* Une des choses les plus compliquées à acquérir et à construire du point de vue du développement professionnel. Nous avons été éduqués, notamment en Europe, dans un système qui se base beaucoup sur la tiédeur, pour ne pas dire l'aversion face aux risques. Apprendre à aimer la prise de risque implique une vraie révolution intellectuelle contre des principes qui nous ont été inculqués pendant des décennies. Il m'a fallu entre deux et trois ans pour porter des équipes de direction à être plus ambitieuses et plus favorables à la prise de risque dans leur travail, pour aller chercher une croissance exponentielle avec des projets et des investissements. Même les meilleurs talents ont fondamentalement du mal à se projeter, en tant qu'entrepreneurs, sur de la création de valeur. Surtout quand on doit mettre sa réussite en ligne de mire. La plupart d'entre eux préférera s'engager sur un plan moins ambitieux, plutôt que prendre le risque de rater un plan plus fort et potentiellement plus épanouissant. Or, cette compétence sera de plus en plus fondamentale pour la transformation de notre économie.

D'une culture de performance à une culture de succès

Juste avant d'arriver à mes conclusions sur les caractéristiques et les compétences du leader du futur, je souhaite revenir sur un discours auquel je suis très attaché. Celui que j'ai prononcé devant tous les collaborateurs de Microsoft France, deux mois après ma prise de fonction en tant que président. De retour depuis peu dans l'Hexagone, je venais de retrouver une filiale que j'avais bien connue cinq ans auparavant. J'ai été surpris par une certaine involution des mentalités pas complètement en phase avec le marché dynamique et compétitif qui se présentait à nous. Pour de nombreuses raisons, cette organisation était restée sclérosée à cause d'une anxiété collective de performance. Ce qui ressemblait beaucoup au Microsoft d'il y a dix ans, mais pas du tout à la culture moderne et transformationnelle que Satya Nadella avait insufflée depuis 2014. J'ai analysé la situation pendant quelques semaines et résumé mes réflexions dans une sorte de « cadre ». Un cadre dans lequel je crois toujours, et que je vous propose comme clé de lecture pour le leadership et les résultats des organisations de demain.

L'organisation

Il est souhaitable pour une organisation de passer d'une culture de l'exécution, qui tend à l'excellence, à une culture de l'émancipation créatrice, qui tend à l'extraordinaire. Cela implique des compétences différentes, mais surtout un travail très profond sur la culture.

Pour œuvrer de façon cohérente avec le premier point, il devient nécessaire d'arrêter les systèmes d'organisation du travail classés par *tâches*, qui seront de plus en plus gérées par des automates dans un futur suffisamment proche, pour se concentrer sur le système de *valeurs*.

Il faut donc aussi moins valoriser l'habilité à exécuter des tâches par rapport à celle de concevoir des actions, programmes et écosystèmes qui permettent de passer des idées à l'exécution oui, mais à l'échelle.

Il faut enfin éviter de construire un système menaçant et humiliant de gestion de la performance qui fait avancer les collaborateurs sur la base d'un sentiment de peur ou de culpabilité. Et créer à la place de vrais systèmes pour développer l'épanouissement des talents, une ambition partagée et une totale responsabilisation de chaque équipe.

Les talents

Il est souhaitable, pour chaque individu, de démontrer une vraie volonté d'apprendre de nouvelles choses plutôt que de se reposer sur ses lauriers, ses connaissances, de protéger son savoir et de mettre en valeur les forces déjà acquises. *Être capable de se remettre en question en permanence avec humilité est fondamental.*

Il est urgent d'arrêter de penser que l'on sait tout faire puisqu'on l'a déjà fait et que la collaboration avec les autres devient une perte de temps. Il faut croire en la force du groupe, compter sur les complémentarités et travailler en équipe pour atteindre ce qu'on ne pensait même pas réalisable.

Dans une vraie démarche de collaboration, il faut arrêter de choisir de travailler seulement avec les personnes qu'on aime bien et/ou que l'on trouve compatibles avec soi. À l'inverse, *il faut s'ouvrir en travaillant avec des personnes que nous ne connaissons pas*, c'est de là que la valeur sera créée.

Il n'est plus suffisant d'être diligent sur les formations que l'on vous propose ou vous impose. Il faut développer une curiosité permanente et individuelle, un appétit pour apprendre de nouveau sujets, qu'ils soient liés ou non à la sphère professionnelle dans laquelle on opère. Cela ouvre l'esprit, développe un muscle pour apprendre *des autres* de nouvelles choses, et nous apporte des notions et des compétences qui nous permettent de donner de la valeur *aux autres.*

Les leaders

Il est nécessaire de passer de la recherche du pouvoir pour soi à l'ambition d'épanouissement pour les autres. Sans quoi, il sera impossible d'évoluer et d'avoir du succès dans le temps.

Il est essentiel d'arrêter de construire des organisations en utilisant la technique du « formatage », d'embaucher des personnes qui sont comme vous ou alors d'obliger celles qui ne le sont pas à le devenir. Il faut aller vers une vraie culture de diversité et d'inclusion où les choix sont faits pour enrichir une équipe avec des compétences complémentaires. Où non seulement on accepte mais *on met enfin en valeur les caractéristiques uniques et différenciantes de chaque individu.*

Il faut absolument arrêter d'embaucher les talents sur la base de ce qu'ils ont déjà fait, et commencer à embaucher des personnes sur la base de ce qu'elles peuvent réaliser dans le futur.

Il est temps d'arrêter d'appeler « coaching » ce qu'on pratiquait jusqu'ici : dire aux autres ce qu'il y a à faire. Ce qui est justement l'inverse de ce que le vrai coaching devrait être.

Il faut faire du mentoring quand c'est vraiment utile pour le collaborateur qui y est sensible et, pour le reste, il faut un *vrai coaching. À savoir écouter et poser des questions pour que le talent puisse trouver tout seul sa réponse, sa voie, sa solution.*

Enfin, en prenant en compte le nouveau contexte dans lequel nous opérons, dense de technologie et basé sur la valeur des informations contenues dans les données, il est absolument vital de mettre en avant des *formes de prise de décision basées sur une méthode scientifique.* Cela demande une profonde mutation culturelle, car une énorme majorité de leaders prend encore des décisions avec l'intime conviction de sa propre capacité, considérée comme « supérieure », à en prendre. Mais le monde est beaucoup trop complexe et rapide pour valider une décision sur un seul jugement humain, notamment celui d'un décideur isolé.

Ces dernières années, mes convictions ont été ultérieurement renforcées par un grand nombre de lectures et d'études sur ces sujets. Par exemple, un livre exceptionnel que je vous recommande, *Think Again : The Power of Knowing What You Don't Know*[10], écrit par Adam Grant, professeur de psychologie organisationnelle à la Wharton School de l'université de Pennsylvanie. Il vous fera réfléchir sur les convictions qu'on professe sans arrêt et de façon instinctive sur le besoin de bien rééquilibrer notre temps avec une attention à l'écoute,

10. Viking Press, 2021.

à l'apprentissage, et à la méthode scientifique pour tester des modèles et justement (re)construire ses convictions.

Un autre livre absolument extraordinaire, et tout à fait fondamental, a été publié à la fin de l'année 2021 : *Noise*[11] du prix Nobel d'économie Daniel Kahneman en collaboration avec Olivier Sibony et Cass R. Sunstein. Son sous-titre est parlant: « Pourquoi nous faisons des erreurs de jugement et comment les éviter ». Je vous conseille de le lire avec attention, car il montre *les biais et la rumeur* intrinsèquement présents dans les jugements humains. De quoi rafraîchir notre vision des choses et de calmer, chez certaines personnes, une confiance en soi parfois hyperdéveloppée. La vérité est qu'une bonne équipe, *avec une diversité des points de vue, d'opinions et le support d'outils numériques intelligents*, fera de loin un meilleur travail qu'un leader convaincu de détenir la vérité et seul à décider. La gestion de la crise du Covid-19 par les leaders mondiaux a d'ailleurs été une démonstration à grande échelle du propos de *Noise*!

Les compétences du futur (et les actions d'aujourd'hui)

Depuis ce discours il y a cinq ans, je n'ai cessé d'observer, d'étudier et de réfléchir sur ce sujet des compétences « distinctives » qui caractérisent celles et ceux qui apportent une vraie

11. Éditions Odile Jacob, 2021.

différence au sein d'une organisation. Notamment pendant les années de l'urgence pandémique. Ce n'est pas ici que je vais développer l'intégralité de ma philosophie sur le leadership, cela fera peut-être l'objet d'un deuxième temps d'écriture d'ici quelques années. L'objectif du présent volume étant centré sur l'espoir d'insuffler l'envie d'une transformation radicale de notre façon de faire traditionnelle, j'ai pensé qu'il était important de développer ces quelques idées pour dessiner le portrait des talents et des leaders qui seront en mesure de créer cet élan décisif dont nous avons tant besoin.

Indépendamment du terrain de jeu, que cela soit une entreprise privée grande ou petite, une administration, un parti politique, une start-up ou un gouvernement, *les leaders modernes doivent se différencier par leur mentalité, leur énergie, leur humilité, leur écoute, leur empathie, leur véracité, leur justesse et leurs capacités à transmettre des valeurs aux autres afin de les impliquer dans un projet.*

Les leaders qui vont réussir seront ceux capables de tirer la quintessence du passé pour en garder sa valeur, mais sans nostalgie et sans volonté de restauration. Ceux capables de se concentrer sur le présent et le futur avec une énergie chaque jour renouvelée.

Ils devront faire preuve d'autant d'efficacité dans une conversation de coaching avec une seule personne que sur une scène devant des milliers d'individus. Ils se devront d'être volontaires, visionnaires, transparents et authentiques dans leur approche.

Ils devront être capables de motiver les personnes qui travaillent autour d'eux, indépendamment de tout lien hiérarchique, juste par le sens de l'engagement, de la volonté de porter un projet, d'avoir une solution, une initiative, de définir ensemble une voie vers le succès.

Ils pousseront les autres à étendre leur capacité et leurs actions au plus haut niveau de jeu, sans être en permanence sur le dos des gens pour les obliger à faire telle ou telle autre tâche.

Ils ne craindront pas de gérer un conflit en mettant leur sagesse à disposition d'un collectif pour aplatir les tensions, de saisir les enjeux sans culpabiliser, de comprendre les positions sans transiger sur le bien commun ultime et d'arriver à faire émerger une solution sans fractures.

Leur jugement sera respecté s'il n'est pas basé sur des a priori et des concepts préconstitués. Mais s'il se base sur la discussion, la négociation, les valeurs, l'objectif ultime et le sens des responsabilités.

Ils sauront avoir un contact avec chaque personne en étant sincères envers elle dans leur intérêt et capables de s'adapter à chaque individu en face d'eux. Ce n'est pas une « taille unique », donc une approche universelle appliquée de façon banalisée. Au contraire, il s'agit d'instaurer une vraie relation humaine personnelle, consciente et attentive.

Ils arriveront à instiguer la production de résultats avec des mécanismes organisationnels agiles, sans superflu, simples et adaptés. Sans superposition, sans fioritures, sans ajouter du poids là où ce n'est pas nécessaire.

Ils ne s'arrêteront pas au fait d'être exemplaires dans leur comportement en ce qui concerne les valeurs de l'organisation. Mais ils chercheront constamment et proactivement un autre sujet, un autre principe, un autre équilibre pour porter le groupe à un plus haut niveau d'impartialité et d'équité.

Ils seront capables d'attirer et de s'entourer des meilleurs talents, ne craignant l'ombre de personne autour d'eux. Ils laisseront chacun s'exprimer avec un vrai sens d'inclusion et de respect. Ils arriveront à prendre des décisions sans les imposer, mais en les faisant émerger comme étant la meilleure solution pour atteindre l'objectif ultime.

Ils encourageront la prise de risque et seront patients en ce qui concerne l'échec ou l'imperfection. Ils souhaiteront une organisation dynamique qui sache s'engager avec passion sur la durée en inventant ce qui n'existe pas. En apprenant constamment, même des erreurs, et ne reproduisant pas une organisation statique qui essaye de faire encore mieux ce qui a été déjà fait.

Ils seront capables d'organiser le travail d'un groupe de talents en capitalisant sur des visions différentes et complémentaires en propageant l'envie de voir le monde sous différentes perspectives pour élargir le débat avant d'arriver à une conclusion.

Leur humilité sera visible. Ils seront « rôle modèle » dans leur volonté de continuer à se développer constamment, sur leurs connaissances, sur leurs capacités, sur leur compréhension du monde, en montrant du respect et de l’appétit pour le feedback.

Vous pensez peut-être que tout ça n’existe pas chez une même personne ? Vous avez raison ! D’où le dernier point, fondamental. Nous avons tous le besoin et l’opportunité magique de travailler sur plein de sujets pour nous améliorer.

Avec ce portrait, je souhaite souligner les points suivants.

Les organisations qui ne formulent pas un vrai projet de transformation culturelle pour affirmer des nouvelles compétences de leadership sont vouées à la faillite en quelques années. *Le monde va trop vite et ne pardonnera pas à une organisation de rester figée dans le passé.*

Les organisations qui mènent une transformation culturelle sans être suffisamment précises et méticuleuses pour s’assurer que les valeurs circulent au sein des équipes, et surtout que les leaders l’incarnent parfaitement, sont vouées aussi à l’échec. Peut-être pas aussi rapidement que celles du paragraphe précèdent, mais peu après, car les incohérences se payent aussi à moyen terme. *La seule chose qui est pire que des leaders sans valeurs, ce sont des leadeurs sans valeurs qui font semblant d’en avoir.*

Les organisations dont les leaders sont trop loin de ce portrait idéal vont non seulement souffrir dans leur performance, mais elles vont tout simplement perdre leurs meilleurs talents en deux ou trois ans. *Les meilleurs talents ont, à juste titre, peu de patience pour la médiocrité et ont le droit, je dirais même le devoir, de choisir le meilleur contexte pour s'exprimer*, même si cela veut dire changer d'organisation.

Je dédie ce chapitre aux leaders qui m'ont le plus impressionné par leurs capacités, la fraîcheur et le côté novateur de leur approche. À la fois certains des manageurs avec qui j'ai eu le plaisir de travailler, comme Michel et Éric chez Microsoft, ou Annick, Rizwan et Alain chez IBM. Mais aussi à énormément de talents avec qui j'ai eu le privilège de travailler et que j'ai vu évoluer. Ils m'ont inspiré pour ce portrait idéal. Aucun n'était parfait, mais tous avaient continuellement envie de se développer. Quand je pense à ces leaders, j'ai envie de les recroiser, d'affronter de nouveaux défis avec eux et de trouver ensemble les solutions qui auront le plus d'impact.

Je suis convaincu que, comme moi, vous désirez avoir un impact sur vos activités professionnelles, et que vous avez envie de travailler avec des personnes qui partagent cet élan créatif et énergique pour changer le monde. Je voudrais vous suggérer, avec humilité, d'être intransigeants dans vos choix. Car nous choisissons notre destin à chaque fois que nous votons, à chaque fois que nous acceptons un emploi, à chaque fois que nous nous lançons dans un projet ou relevons un défi. À chaque fois que nous acceptons de continuer à travailler pour une organisation, et ainsi de suite. Nous faisons des choix en permanence, et il ne faut pas les faire par défaut, il faut les faire avec responsabilité.

J'ai appris qu'avoir en tête le modèle idéal vers lequel tendre et le travailler dans le temps avec profondeur et réflexion comme le suggère, encore lui, Daniel Kahneman, dans son extraordinaire livre *Système 1/Système 2: les deux vitesses de la pensées*[12], aide à regarder ce que nous avons devant les yeux avec lucidité. Il s'agit à mon avis du livre le plus important et profond sur notre façon de prendre des décisions, et aussi le plus fondamental pour bien comprendre comment fonctionne notre cerveau. Les réflexions que cet ouvrage inspire peuvent nous permettre de prendre de meilleures décisions, non pas seulement instinctives mais plus avisées, plus cohérentes et mûrement réfléchies.

12. Daniel Kahneman, *Système 1/Système 2: les deux vitesses de la pensées*, Flammarion, 2012.

Créer une inflexion significative et modifier notre destin avec un élan décisif

Le futur ne nous attendra pas. L'innovation se réalisera, en accord ou pas avec les valeurs auxquelles nous croyons. Le progrès arrivera, il sera défini avec ou sans nous.

En revanche, tout est encore ouvert et possible. Avec suffisamment de lucidité, de détermination et d'ambition, chaque individu, chaque entreprise, chaque ville, chaque nation, chaque zone géographique peut participer à la construction d'un monde souhaitable.

Il est néanmoins très clair que, sans une masse critique significative et une direction lisible, il sera très difficile de rattraper le retard que l'économie des pays européens a essuyé ces deux dernières décennies.

Une révolution industrielle est en cours. Il s'agit d'un virage historique. Les différentes puissances économiques mondiales l'ont pris avec une vitesse et une détermination qui leur sont propres. L'Europe n'a pas brillé, elle est, soyons honnêtes, en retard en matière de dynamique de croissance, de bien-être et de pouvoir d'achat. La stabilité va être une conséquence de ce parcours. Si l'Union européenne n'agit pas avec force pour changer de rythme et de direction, le différentiel initial deviendra irrattrapable en 2030.

Les opportunités sont pourtant visibles, conséquentes et à portée de main. Il est nécessaire de prendre les bonnes décisions en dépassant avec urgence les nationalismes. En arrêtant de les prendre sur la base de programmes, d'initiatives et de budgets définis il y a trente ans. Nous devons construire ensemble en regardant les faits attentivement et en éliminant les biais cognitifs. Il est nécessaire d'adopter des approches plus scientifiques dans la définition des axes stratégiques. Et d'agir plus vite que jamais.

Le contexte post-crise et la menace du populisme

Nous avons pu observer ces dernières années que l'action collective était la clé contre le populisme en Europe.

La première chose que j'ai comprise, c'est que l'expansion économique que nous connaissons en ce moment est extrêmement fragile. D'une manière ou d'une autre, elle est toujours soutenue par les politiques publiques qui ont été mises en place aux États-Unis et en Europe pour lutter contre la dernière crise financière profonde il y a dix ans. À la crise de 2008 est venue se superposer une crise due à la pandémie qui a encore mis à nu toutes les fragilités de nos systèmes traditionnels. Aujourd'hui, toutes les entreprises sont appelées à faire face à un avenir incertain où les opportunités et les menaces sont de plus en plus grandes et rapides.

Le deuxième élément de réflexion porte sur la répartition des richesses. La plupart des économies du monde, qu'elles soient développées ou en développement, n'ont pas été en mesure de créer les conditions d'une « répartition équitable » raisonnable de ce que les économies nationales produisent. Souvent, les tentatives comme le « salaire universel » poussé par un certain nombre de gouvernements sont toujours soumises au risque intrinsèque de créer des mécanismes qui, structurellement, limitent la valeur du travail en cassant la différenciation par le mérite. Il faut encore trouver une implémentation sérieuse et capable d'éviter justement les corollaires potentiellement négatifs pour l'ensemble de l'économie.

Ces deux éléments, d'une part, la croissance économique incertaine et la vitesse du changement et d'autre part, la répartition inégale des richesses, convergent vers une tension croissante entre les citoyens du monde entier. Dans la plupart des pays, nous constatons une critique croissante des gouvernements, une anxiété chez l'ensemble de la population, une plus grande incertitude quant aux attentes de bien-être. Et, par conséquent, un manque de confiance en l'avenir. Les économistes soulignent la montée des inégalités depuis des décennies dans le monde entier. Lorsque vous introduisez un rythme de changement plus rapide dans une société qui souffre déjà d'inégalités, cela produit de la polarisation et de la peur.

C'est le terreau le plus fertile pour que le populisme gagne les esprits et produise des tremblements de terre politiques. Nous avons vu les résultats de cette tendance avec le vote du Brexit au Royaume-Uni, puis lors des élections présidentielles aux États-Unis. Mais aussi au sein de certains gouvernements surprenants de « compromis » en Italie. Plus récemment, la croissante attention posée sur les populismes de l'extrême droite et de l'extrême gauche en France ont fini par produire une redistribution significative et surprenante des forces politiques au sein de l'Assemblée nationale. Il y a certainement un risque croissant de voir cette question s'élargir davantage dans un avenir proche et dans plusieurs pays européens. Et enfin, nous avons vu aussi comment le populisme, porté à l'extrême, produit de nouvelles dictatures.

Nous devons travailler ensemble – gouvernements, industries et société civile – pour partager et comprendre du mieux que nous pouvons le monde tel qu'il sera dans un avenir proche. Cela nous aidera à construire une vision convaincante et à agir pour transformer et moderniser la société qui doit être adaptée à un monde de plus en plus transformé par le numérique. Tout en construisant les nouveaux modèles sociaux et économiques qui peuvent encourager une croissance appropriée et durable dans le cadre de la quatrième révolution industrielle. J'ai eu la chance de vivre longtemps en France, où l'on constate l'action d'un gouvernement qui travaille réellement dans ce sens. Je peux encore quotidiennement observer à quel point la critique et le protectionnisme du « statu quo » peuvent être un obstacle important à une transformation nationale réussie.

J'ai été très surpris, lors d'un Forum Ambrosetti il y a quelques années, quand j'ai vu des entrepreneurs italiens, invités à s'exprimer pendant l'événement, voter à 60 % en faveur de la position du ministre de l'Intérieur italien du premier gouvernement Conte, sur les politiques migratoires de l'époque. Bien que je convienne de la nécessité absolue pour l'Union européenne d'agir de manière décisive pour définir une vraie politique migratoire, je considérais l'attitude de ce ministre, ainsi que les mots qu'il avait utilisés, vraiment irrespectueux par rapport à certains principes fondamentaux de tolérance et d'aide humanitaire. Ces mêmes propos, en 2022, avec une guerre en cours en Ukraine, sembleraient invraisemblables.

Ce n'est pas seulement vrai pour l'Italie, la même chose se produit dans de nombreux pays européens. *Se concentrer sur le nationalisme, l'identité et la migration n'aidera pas un pays à se tourner vers l'avenir.* Il est urgent de créer ensemble une vision, de nous mobiliser autour d'un projet et d'agir rapidement pour adapter la structure sociale et économique de l'Europe tout en créant des opportunités pour tous. Dans le cas de l'Europe, je crois fermement que les élites gouvernementales devraient créer des projets pour transcender les politiques nationales ou nationalistes et enfin construire une perspective européenne forte.

Les populismes ne feront que diviser l'Europe et affaiblir l'ensemble de notre économie: dans le contexte mondial que nous voyons, je suis convaincu que les pays européens ne pourront être compétitifs que s'ils construisent une véritable union économique et politique. En fait, la réalité de l'économie d'aujourd'hui est que les marchés financiers sont trop nationaux et ne soutiennent pas le bon niveau d'expansion de l'innovation.

En écoutant certains des arguments politiques des populistes, j'ai pu comprendre plus que jamais pourquoi l'économie numérique est une réelle opportunité, en termes de croissance économique, pour résoudre certains des défis existants auxquels nous sommes confrontés. Un marché unique numérique fort contribuerait à développer une construction économique et sociale plus forte. L'UE serait enfin perçue comme plus productive et plus protectrice par ses citoyens. Cela s'appuierait sur des réglementations intelligentes qui favoriseraient l'innovation pour protéger les droits essentiels des citoyens dans un monde de densité technologique, pour créer des emplois, parfois en protéger d'autres, développer des compétences et éliminer les obstacles tout en créant de nouveaux services dans un environnement de confiance.

Pour lutter contre le populisme, nous devons apporter toute notre énergie positive au cours des prochains mois, et dans chaque pays, à toutes celles et ceux qui veulent plaider en faveur d'un avenir commun plus fort, et relancer, avec vigueur et cohésion, la construction d'une Union européenne qui puisse de nouveau mobiliser tous ses citoyens.

Je suis impatient de collaborer avec toutes celles et ceux qui veulent créer de nouvelles opportunités de croissance pour les citoyens et les organisations à travers l'Europe.

La révolution industrielle est en marche

En 2014, j'ai eu la magnifique opportunité de participer au démarrage de la présidence italienne du Conseil de l'Union européenne. Le premier semestre de l'année 2022 a été celui de la présidence française.

En sept ans, depuis les événements #DigitalVenice et #RestartEurope, la profondeur de la transformation de l'économie mondiale n'a cessé d'augmenter. La vitesse de l'innovation n'a cessé de s'accélérer, les crises ont mis à nu les faiblesses structurelles de toutes les organisations, et nous avons enfin pris conscience de la nécessité d'une transition énergétique.

Il est évident pour moi, et j'espère pour vous aussi désormais, qu'il est absolument nécessaire pour notre continent de s'élancer vers de nouveaux projets de développement, autant dans la sphère privée que dans la sphère publique, avec un élan qui sera décisif pour notre futur.

Tout le monde est concerné, chaque individu, chaque organisation publique et privée, chaque nation.

Je suis profondément convaincu qu'une entreprise qui, dans les cinq prochaines années, n'utilisera pas comme premier élément de transformation la technologie, n'existera plus dans dix ou quinze ans. Elle va succomber à une compétition aguerrie, locale ou internationale, d'autres opérations qui auront, elles, saisi cette opportunité. La force de frappe et la vitesse de ces dernières seront trop importantes par rapport à la première.

De la même manière, un pays ou une zone géographique (je pense à l'Europe, continent que je connais le mieux, mais la même chose s'applique à l'Amérique latine ou l'Afrique) qui n'aura pas mis la révolution industrielle de l'intelligence artificielle au centre de ses préoccupations et de ses projets pour un développement solide, sain et responsable pour les prochaines décennies sera marginalisé dans le contexte global du XXIe siècle.

Les grandes entreprises de technologie, dites « big tech », ont des capacités tout à fait extraordinaires et des ambitions tout aussi importantes. La création de valeur économique qu'elles ont su générer en seulement vingt ans est juste époustouflante. Elle leur donne aujourd'hui une force de frappe inouïe pour attaquer avec confiance et réussite de nombreux nouveaux projets. Elles ont aussi très efficacement développé des écosystèmes et des filières pour leur business qui profite énormément et principalement aux États-Unis et à la Chine, leurs pays d'origine. Cela permet à ces deux puissances de regarder l'avenir avec de plus grandes velléités. Elles maîtrisent des filières performantes et peuvent, grâce à elles, mieux maîtriser leur croissance. Et pas seulement dans l'industrie de la tech elle-même, qui apporte déjà énormément de travail, de valeur boursière et, donc, de capacités financières pour se lancer dans de nouveaux investissements. Leur suprématie s'étend à toutes les autres industries qui, elles, sont accélérées par la tech. Dans une sorte de double enjeu croisé, à la fois puissant et déterminant.

Je suis un fervent défenseur de l'innovation technologique pour la transformation du monde. Mais je pense aussi que cela demande une compréhension et une maîtrise des enjeux qui aujourd'hui n'est pas à la hauteur, ni dans les entreprises, ni dans les gouvernements de la grande majorité des pays.

Nous sommes face à un enjeu majeur. Celui de la transformation des industries verticales traditionnelles : soit 96 % du PIB mondial. Nous sommes à un croisement historique. La puissance du numérique offre l'opportunité de résoudre toutes leurs inefficacités et de créer des nouveaux services de valeur pour les consommateurs. En même temps, c'est une menace constante de disruption par des entreprises technologiques qui pourraient les attaquer frontalement. Il y a d'autre part la modification nécessaire de leurs processus fondamentaux, ou *core business*, pour atteindre d'abord la neutralité carbone et ensuite l'impact zéro sur l'utilisation de l'ensemble des ressources naturelles. *Ce double défi représente finalement la grande bataille du siècle, et nous avons seulement quelques années pour entamer ce parcours et montrer les résultats !*

L'élan décisif des dix prochaines années

Les dix prochaines années seront essentielles pour définir les trajectoires de tout un siècle, celui que les lecteurs de cet ouvrage vivront.

Ce besoin d'un élan décisif est pour moi très clair. Pour une entreprise en compétition globale comme pour un pays dans un contexte global, la situation est finalement la même. Même si les enjeux diffèrent de par leur nature. C'est un peu comme pour des sportifs se préparant pour les Jeux olympiques. Ne pas admettre leur retard par rapport aux meilleurs, et ne pas redoubler d'efforts pour rattraper très vite ce manque de préparation athlétique, les conduira à ne pas être sur le podium. En ce qui concerne les enjeux pour une entreprise, le risque est la faillite. Pour un pays, la marginalisation et la diminution drastique du bien-être de sa population par rapport à la moyenne globale. Ni plus, ni moins. La faillite des entreprises sera, elle, plus visible mais plus circonscrite. La dégradation de la situation économique d'un pays sera peu perceptible à court terme, mais, décennie après décennie, elle risque d'être extrêmement significative.

Le 25 mai 1961, le président des États-Unis John Fitzgerald Kennedy a annoncé l'ambition d'envoyer un homme sur la Lune. Après huit ans de travail acharné, le programme Apollo a réalisé cet objectif extraordinaire en 1969. Ces deux dernières années, cela ne vous a pas échappé, les missions spatiales les plus sensationnelles ont été lancées par des entreprises privées, avec l'objectif de développer de nouveaux projets de tourisme cosmique pour l'humanité. Je ne suis pas là pour dire qu'il est mauvais que des entreprises fassent des investissements pour développer des programmes ambitieux. Mais je pense que nous devons faire très attention à l'équilibre entre la puissance des entreprises et la force des États. À moins de redéfinir le concept de démocratie ou de le remplacer par une gouvernance différente, tout miser sur les entreprises, et, dans ce contexte de « hyperscale », sur un nombre très limité d'entreprises (entre 5 et 10), crée un oligopole pas forcément souhaitable. Cela amène des questions fondamentales sur la gouvernance mondiale. Cela voudrait dire que quelques dizaines de personnes maîtriseraient le destin de 10 milliards de citoyens du monde. Sans être élus et sans répondre de leurs actes à cette écrasante majorité de la population planétaire. Soyons clairs : rendre compte à des actionnaires et rendre compte à des concitoyens n'est pas la même chose. Même si le capitalisme est une forme efficace de création de valeur, je pense que nous sommes en train de voir pas mal d'effets collatéraux sur la surconsommation de ressources naturelles qui sont dramatiques et qu'il faut déjà corriger. Je ne recommanderais vraiment pas de laisser 10 conseils d'administration décider, seuls, sans possibilité d'arbitrage universel, de comment gérer les évolutions de notre planète.

Je pense aussi, et je souhaite être très clair à ce sujet, que nous ne pouvons pas nous permettre de rentrer dans une guerre de pouvoirs. Guerre où nous observerions les gouvernements les plus puissants passer tout leur temps à essayer de limiter le pouvoir de 10 entreprises.

Dans ce monde qui va à deux, voire à trois ou quatre, vitesses – et qui risque de créer, trop vite, de nouvelles inégalités au lieu de « réduire » celles qui existent déjà – nous allons assister à la tentation de limiter la vitesse de ceux qui sont les plus rapides.

Mais, à mon humble, avis ce n'est pas comme ça que nous allons résoudre les grands problèmes de notre époque : la création et la distribution de la richesse, la transition énergétique et écologique pour rééquilibrer l'utilisation des ressources naturelles, l'alimentation de bonne qualité, l'éducation de bon niveau et la meilleure santé pour tous, en limitant la puissance de l'innovation.

Nous ne pouvons pas avoir en tête comme seul outil la contrainte de la régulation. Un cadre juridique rafraîchi doit servir à garantir équité, compétition, multiplicité de l'offre et diversité d'approches. Cela est souhaitable et nécessaire. *Mais j'invite les gouvernements à concentrer la plus grosse partie de leurs efforts sur la création de contexte pour que les citoyens et les entreprises du reste du monde prennent la bonne vitesse et reviennent à hauteur du peloton de tête. C'est ça qui va faire changer favorablement le monde et résoudre plus vite les grandes équations de la planète.*

Il faut donc maîtriser la technologie, la faire travailler pour nous, plutôt que la subir et se faire devancer par ceux qui la maîtrisent mieux que nous. Là est l'enjeu.

J'ai vu dans mon parcours professionnel des entreprises qui ont su opérer une mutation profonde pour survivre à leur propre modèle et se réinventer complètement. J'ai vu IBM le faire de façon absolument extraordinaire dans les années 1990, quand on voulait la scinder et que Lou Gerstner lui a rendu une raison d'être et une vitesse d'exécution époustouflante. Cela a duré vingt ans, ils doivent aujourd'hui refaire cet effort et je leur souhaite de tout cœur d'y parvenir. Je l'ai vu, plus récemment, avec la transformation incroyable ces dix dernières années de Microsoft sous la conduite de Satya Nadella. Quelle chance d'avoir pu observer cela de l'intérieur et d'avoir pu, dans les deux cas, y participer.

J'ai vu aussi des entreprises européennes comme Axa, Amadeus, Schneider Electric, Nexans, Alstom, SNCF, RATP,

InVivo, Intermarché, Stellantis, EssilorLuxottica, Adecco, Enel, Gruppo Poste, Banca Mediolanum, Case New Holland, Barilla, Eataly, INAIL, Corte dei Conti et bien d'autres réussir leur transformation avec une vision stratégique juste. Une remise en question accomplie, et beaucoup de persévérance et d'humilité dans le travail de leurs équipes.

J'ai vu LVMH collaborer avec le groupe Richemont, Prada et maintenant Only The Brave. Pour construire une plateforme innovante et commune qui permette, grâce à la création du consortium Aura, de réaliser collectivement un projet de blockchain pour toutes leurs marques du luxe.

J'ai vu Capgemini et Orange se lancer dans un nouveau business model d'opérateur de cloud de confiance en utilisant la technologie Azure et en créant l'entreprise Bleu. Elle pourra fournir des solutions cloud absolument uniques pour l'administration française ainsi que pour les entreprises qui voudront protéger leurs données. Et ce, grâce à une transition fondamentale du business model de Microsoft, spécialement conçue dans le cadre de ce partenariat, avec une approche qui représente une première mondiale. Cette démarche apporte, enfin, une réponse concrète aux besoins légitimes de souveraineté numérique d'un État. Elle vient d'ailleurs d'être reproduite en Allemagne par le partenariat entre SAP et Arvato Systems. La France a été, cette fois-ci, le pays précurseur.

L'innovation radicale et les transformations de modèles sont possibles. Je suis fier de ce que mes équipes, dans tous ces projets, ont réussi pour soutenir ces transformations fondamentales. Et je souhaite, avec tout mon enthousiasme, participer activement à tant d'autres nouveaux projets.

C'est maintenant l'heure de l'accélération absolue, non pas seulement pour un groupe d'entreprises, mais pour toutes. Non pas pour des élites d'étudiants de grandes écoles, mais pour tous les jeunes. Non pas pour deux ou trois puissances qui risquent de créer de nouveaux déséquilibres à long terme, mais pour tous les pays du monde.

La technologie est l'outil idéal pour le réaliser. Si on la maîtrise, elle devient une solution d'une puissance inégalable. Si on ne la maîtrise pas, elle devient une menace qui va nous éloigner de la ligne d'arrivée. C'est la nouvelle donne de notre siècle.

L'innovation est cruciale pour façonner un monde souhaitable. Tout est encore possible. À nous de déterminer notre avenir.

Remerciements

Je souhaite remercier ma famille qui m'a transmis une passion profonde pour le travail de qualité et une empathie envers les autres, deux éléments fondamentaux de mon parcours. Je remercie ma maîtresse d'école primaire de m'avoir poussé à utiliser mon cerveau pour affiner mon propre point de vue. Je remercie mon amour qui m'a donné le bonheur et qui, surtout, m'a fait découvrir l'importance de l'authenticité des sentiments au quotidien.

Je remercie aussi fortement Dominique, Alexandre et Jérôme qui sont à l'origine de l'initiative de « reprendre » l'écriture d'un livre et qui m'ont inspiré avec les débats de l'émission *Sans Tabou.* Et bien sûr merci à Maria et Alexandre pour leur patience et accompagnement pendant l'écriture, exercice nouveau et passionnant.

Merci à Aurélie Jean, qui a été une fantastique marraine de la première édition de l'École IA, qui continue à entreprendre avec succès dans les nouvelles technologies et qui pousse toujours plus haut la réflexion sur l'utilisation éthique de celles-ci.

Merci à tous ceux qui ont aidé avec leur relecture et leurs conseils : Daniela, Pietro, Alberto, Eva, Julien, Mathilde, Nicolas, Chiara. C'est toujours un plaisir d'échanger avec vous, et… à la prochaine fois !

Table des matières

Partie 2

FSC
www.fsc.org
MIXTE
Papier issu de sources responsables
FSC® C003309

L'éditeur de cet ouvrage s'engage dans une démarche de certification FSC® qui contribue à la préservation des forêts pour les générations futures.

Pour en savoir plus :
www.editis.com/engagement-rse/

Achevé d'imprimer par
Normandie Roto Impression s.a.s. à Lonrai
N° d'impression : 2202760

Imprimé en France